名言集 13

歷史名言的智慧

從時代的勇氣、良知、邪惡、愚蠢中學習

徐竹◎編著

拿破崙：「最偉大的將軍就是犯錯最少的那一個。」

麥克阿瑟：「老兵不死，只是逐漸凋零」

不要問國家為你做了什麼，

好讀出版

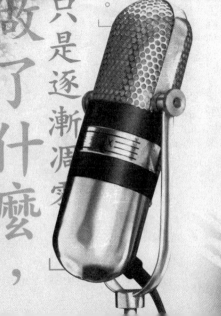

序

徐竹

第一次爲了完成一本著作，而去深入閱讀那些歷史事件，遍覽從古至今在人類史上占有決定性地位的人物。這些人之中，有智慧足供後人借鑑的先賢，也有遺禍人間的惡魔，他們的小小決策往往產生撼動世界的巨大力量，甚至對往後的歷史產生深遠的影響。這些歷史重大事件所帶給我的感動，實在遠比過去教科書上條列式的文字更爲深遠。

如果不是一顆落在廣島的原子彈，或許第二次世界大戰還要延燒許久，然而核子武器的巨大傷害，卻也對日本造成極大的損害，光是輻射塵的遺毒就禍延了日本好幾代的子孫。

此外，如果不是那些推翻專制跟殖民國家壓榨的革命，就沒有後來的民主生活。因此，任何的歷史事件都有它正面跟反面的解讀，在發人深省的故事背後，我們可以從中找到許多的智慧跟經驗。

藉著探索歷史，我們可以挖掘到許多值得我們思考的課題。因此本書中特別挑選出一些精華的句子，讓讀者重回歷史的現場，感受其中的震撼與曲折。例如：美國總統林肯——如果他們知道拿起筆需要的僅是一點勇氣，我想他們一定會非常懊悔；德國宗教改革家馬丁路德——我們必須接受有限的失望，但是千萬不可失去無限的希望；以及天文學家哥白尼——天地的運行不會因爲這些笨蛋的嘲弄而改變。

這些名人名言不但是對當時既定想法的挑戰，更是影響歷史轉折點的關鍵言論。若能閱讀並思考其中的道理，必能對自己當下的生活有所啓發與幫助，成爲未來處事的妙方。

只要堅持自己的理想，培養獨立思考的能力，就能免於跟隨眾人的一窩瘋，而成爲被人利用的一顆棋子。尤其在今日政治混沌不明，人心浮動的當下，眞値得我們好好深思。

目錄 CONTENTS

第一篇 最有勇氣的一句話

第二篇 歷史關鍵的一句話

第三篇 最邪惡的一句話

第五篇 最有良知的一句話

目錄 CONTENTS

第七篇 破解成功的一句話

第八篇 揭露真相的一句話

第一篇

最有勇氣的一句話

「人們在自己的國土內為自由而奮鬥，勝過地球上任何像奴隸一般的傭兵。」

——美國國父華盛頓

喬治．華盛頓爲美國第一任總統，他在英法爭奪北美的殖民地戰爭中表現出色，被擢升爲陸軍上校。但是當英軍占領北美之後，卻把西部和北部的地區據爲己有，不准人民開墾，因而他起身反對殖民統治。

一七六五年，他參加著名的「大陸會議」，被推選爲總司令，受命領導美國人民脫離英國統治，而本文所選的名言便取自整軍攻擊前夕，華盛頓對獨立軍發表的著名誓師詞。他帶領著美國走向獨立的道路，而他個人高尚的道德行爲跟理念，也成爲往後美國人仿效的楷模。

每個人都需要有理想的支撐，才能確定自己的目標，如果缺乏了這點，就容易淪爲工作或生活的奴才。無論是大到爲國服務，或是追求個人的成功，都不可缺乏這樣的信念。

理想代表了個人的精神跟態度，是可以依循的準則，唯有堅持這點，才不致偏離正道。切勿依附在任何人的羽翼下生存，因爲那是最不牢靠的東西，即使眼前有值得模仿的成功對象，也得消化吸收後，才能眞正成爲屬於自己的內涵。

「獨立的精神」對於創業的確是不可或缺，無論對國家或個人都是如此。只有做自己的主人，才能開創屬於自己的道路，塑造出適合自己的成功模式。

智慧小語

做自己的主人，具有獨立思辨能力，才能朝理想的人生邁進。

「如果他們知道拿起筆需要的僅是一點勇氣，我想他們一定會非常懊悔。」

——美國總統林肯

當林肯廢除了黑奴制度，為美國歷史寫下一頁輝煌成績時，記者馬維爾前往採訪這位總統，問道：「據我所知，上兩屆總統都曾想廢除黑奴制度，而《解放黑奴宣言》也早在他們主政的時代就已經起草，可是他們都沒拿起筆簽署它。請問總統先生，他們是不是想把這個偉大的事業留給您去成就？」林肯聽了不慌不忙地回道：「可能有這個意思吧！不過，如果他們知道拿起筆需要的僅是一點勇氣，我想他們一定會非常懊悔當初沒有這麼做。」這段話聽似輕鬆，其實背後潛藏著無限的勇氣。

一般人無法成為開創者或是革命家，是因為之前沒有人做過，缺乏前人的經驗，前景顯得混沌不明，心中因而產生過多的揣測和不安，最後望之卻步。或者，人們也易於誇張美好的一面，等到要落實到執行面時，才發現現實可能跟心中想的完全不同。

跨出一步需要勇氣，有時需要些許的衝勁以及義無反顧的傻勁。只有眞正從事了之後，才能看見事情的全貌，而當下也才會發現：所需要的不過是一點勇氣罷了。

智慧小語

成功者必須具備開拓精神。

「不要問國家能為你做什麼，而要問你能為國家做什麼。」

——美國總統甘迺迪

這是甘迺迪在就職演說時所說的名言，甚至成爲全世界所有軍人的精神標語。

甘迺迪最著名的事蹟之一就是處理發生於一九六二年的古巴危機，當時美國偵察機發現蘇聯在古巴境內部署核子導彈，而這些導彈能夠瞄準美國的各大城市，一旦眞的發射，恐怕將造成極大的傷亡。當這個消息傳回到華府時，引起一陣軒然大波。這是蘇聯對美國的挑釁，也是對年輕的約翰．甘迺迪所下的挑戰書。

這個事件引發了美蘇兩大強國的對峙，危險的情勢加速攀升，核子危機眼看一觸即發。當時美國軍方一直希望以武力解決事情，但是甘迺迪卻認爲動用武力只會使美國落入蘇聯所設下的圈套，因此堅持不以武力解決。這個危機大約維持了十三天，雖然國內一度信心動搖，也造成一些不可彌補的錯誤，但最後的結果卻證明了甘迺迪的抉擇之正確，也讓大家見識到他過人的外交手腕。

事實上，這次的古巴危機不只關係著美國國際地位的確立，也攸關全世界人民的命運。甘迺迪面對這極大的壓力，與幕僚共同化解了一場危機，讓世界免於戰爭的災禍，他們的決心與毅力相當值得世界各國學習，而他自己也以行動證明了自己的就職誓詞，他的確爲自己的國家盡心盡力，無愧於身爲總統的使命。

智慧小語

確立某種精神與目標的人，將不易受到周遭環境所左右。

「政府嗜殺、人民血流成河，但並不能因此而嚇退我。」

——印度國父甘地

印度聖雄甘地可以說是英國殖民者最頭痛的頑強份子，他主張「不流血獨立運動」，不畏洋槍大砲，也不用一兵一卒，卻可以得到廣大印度人民的支持，將強大的英國趕出印度，這全歸功於他的堅毅與勇氣。

甘地年輕的時候，曾有人當面批判他說：「你不過是個理想主義者！」其實從另一個角度來看，這句話眞正的用意在責怪對方不切實際，勸人忘卻理想，屈從於現實社會的壓力。當然，現實沒有什麼不對，但若少了理想的支撐，只不過是無意義地消磨著生命。

人最可貴之處就在於每個人都可以發展出自己獨有的興趣，總是有某些事情讓人做起來最有成就感，由此發展下去，人人都可以成為各自領域裡的「達人」。

曾經看過一篇報導，專訪某位到中東留學的碩士生，她在中東國家留學那幾年，雖沒有讓她進入更專精的研究領域，卻延續了她對舞蹈的興趣，她回國後開了專研中東舞蹈的教室，學員數達上千人，而她也意外成爲一位知名的舞蹈家。相信當初社會或家人對她的期許並非如此，但是假如你能找到一條屬於自己的路，並堅持下去，相信將來這些曾經反對過你的人，最後都會回過頭來肯定你，因爲唯有對理想抱持著絕不妥協的堅持，才能眞正有所成就，光是屈從於他人的評價，絕不可能發亮、發光。

古今中外許多開創歷史的人物，如果沒有抱著對理想的堅持，後代子孫也無法享受到他們披荊斬棘的甜美成果。犧牲眼前的享受跟安穩只是暫時，照著眞正適合自己的方向前進，最後才能得到一生的心滿意足。

智慧小語

爲自己擬定一個終身奮鬥的目標，人生將過得更加充實而有意義。

「我們這些生者是前來將自己奉獻給那些死者奮力推進，卻尚未完成的偉業。」

——美國總統林肯

眾所皆知，林肯在美國歷史中，爲解放黑奴顚覆了美國傳統的種族歧視，追求民族大融合，具有先驅者的貢獻。他所致力的無非是一項國內的大革命，讓美國能從分裂到統一，讓身在這塊國土上的人民，不分膚色都能爲這個國家的前途而努力，最後終於讓美國成爲一個富強的大國。

在著名的蓋茲堡演說中，林肯說了本文的這一段名言，提醒作爲人類的使命感。其實不管是大如顚覆傳統，小如改變個人命運，每個人來到這世上都帶著一份使命。也因此，人人都各有長處，沒有人會一無是處。

也許有些人會覺得自己似乎做起事來處處碰壁，在社會上難以生存，就連自己的生活也無法妥善管理好。其實，這些問題最終只是因爲你尚未發覺到自己的長處而已。可能是在工作上找錯方向，或是一直盲目尋找那些世俗認定的「好前途」，卻漠視自己眞正擅長的東西。如果能靜下心來，檢視一下自己的優缺點和興趣，或許就能更容易發掘自我，找到百分之百適合自己的方向了。那才是你「命中注定」的人生道路，而不是別人爲你設定好的模式。

發現自己，找尋屬於自己的人生，這才是你我一生的使命。

智慧小語

只有認識自己，才不會被人牽著鼻子走，人人都應該找到屬於自己的快樂生涯。

「這不是胡鬧，我已經做好準備。」

——美國巴頓將軍

一九四四年十二月，歐洲大陸的耶誕節在風雪中來到，盟軍的士兵們在心中悄悄地企盼著聖誕假期，但盟軍的第三集團軍司令巴頓將軍卻無法這麼輕鬆地看待這場風雪。空軍無法在惡劣的天候下出動，少了空中的掩護，裝甲部隊也只能緩慢推進。

十二月十五日的夜晚，德軍的無線電台突然沉默了下來，巴頓敏銳地感到戰鬥即將來臨。他命部隊立即進入戰鬥狀態，隨時準備迎擊德軍。接著盟軍總司令艾森豪召開緊急會議，決定南向對德軍發動攻擊。會議上，艾森豪問巴頓何時可以進攻，巴頓毫不猶豫地回答：「十二月二十二日一早。」當時與會將領都以為他在信口開河，巴頓卻自信地說：「這不是胡鬧，我已經做好準備。若是等待，將會失去出其不意的效果。」最後艾森豪同意了巴頓的計劃，而第三集團軍也確實在短短的三天內完成了艱鉅的任務，成功地替盟軍解圍。

巴頓將軍最為人稱頌之處就在他的勇氣與執行力，他的成功也經常來自於他的閃電決策。如果將人生的競賽當成一場戰事或是體育競賽，往往都是那些讓對手料想不到的攻擊，才能創造出勝利的局面。

聰明人懂得抓住機會出手，而普通人只會不斷觀望，因爲大部分的人都怕自己沒有把握，也就這樣讓大好機會錯失。如果機會是等所有人都準備好的話，那競爭對手只怕多得不計其數，要出人頭地更是難上加難。在運動競賽中要成功得分，通常都是在對手不注意時，擊出漂亮的一球。我們人生的競賽也是如此：耐心地等待，時間一到就出手，這樣就對了！

智慧小語

機會不等人，必須在平時就做好準備，時機一到就狠狠揮出一擊。

「英國在這天，期許每個人都能做好他手上的工作。」

——英國海軍納爾遜將軍

一八〇五年，就在拿破崙稱霸歐洲前夕，法西聯合艦隊與英國海軍在海上交鋒，史稱「特拉法加之役」。而這段名言就是開戰前納爾遜將軍在旗艦上所說。

身爲戰爭史上的名將，納爾遜將軍不可避免地有著好大喜功跟驕傲的武人習性，總是渴望與對手正面交鋒。據說納爾遜旗艦「勝利號」上所有的望遠鏡，時刻都搜尋著敵方掛有司令旗的主艦，一旦發現對方主將的旗艦，便會立刻趨前對戰。然而，好戰只是納爾遜將軍性格上的一面，他的膽識與勇氣也促成特拉法加會戰的勝利，擊碎拿破崙入侵英國的野心，納爾遜將軍更成爲英國人心中永遠的英雄。

回過頭來看納爾遜將軍這段話中的內涵，其實每個人擁有的時間都一樣多，生命能有多豐富，端看人們怎麼去運用。時時抱著「不做就來不及了」的心態，提早擬訂計畫，決定之後就立刻執行，不給自己任何遲疑的機會，如此也就能比別人更快搶得先機。學著當一名領先者，勝利就掌握在你手中。

智慧小語

善盡自己的責任，就是一種成功的人生。

「打倒邪惡的法官！」

——美國革命家丹尼爾・謝司

美國獨立運動後不久，國內民生凋蔽，財富集中在少數人手中，而政府卻把許多負債累累的農民關進了監牢，一時社會上反抗聲浪四起。一七八六年，麻州一位名叫謝司的陸軍上尉，率領了最大規模的革命行動，他帶領著農民們衝進法院，高喊：「打倒邪惡的法官！」該庭法官見場面大亂，高聲呼叫守衛，但仍壓制不住暴動。

這次起義喚起各地的結合，人數從幾百人擴增到上萬人，革命蔓延到整個東北部，形成大規模的農民運動，最後逼使政府軍和談。革命最後雖然平息了，但卻爲美國人民爭取自由平等立下了榜樣。

任何的獨立運動都不是單靠一次的抗爭就可以成功，即使獨立成功，也只是踏出第一步，接下來還得面對許多經濟、政治等不確定因素。在我們個人的生涯中，也是類似的循環，成功後還得面對不一樣的人生做調適；如果一開始沒有做好心理準備，被成功沖昏了頭，結局可能比當初還糟糕。

智慧小語

人生無論是成功或失敗，都有需要我們努力的地方。

「我沒有什麼可以貢獻，除了鮮血、辛勞、眼淚和汗水。」

——英國首相邱吉爾

歷經第二次世界大戰，率領英國度過危機的英國首相邱吉爾，面對著德日等軸心國的威脅時，在就職演說上道出這段感人肺腑的名言，而他對國家的付出也永遠得到民眾的支持和景仰。

在議院裡，當邱吉爾對議員們發表參與第二次世界大戰的演說時，他說：「你們問我，我們的目的是什麼？我只能用一句話來答覆——『就是勝利』。不惜任何犧牲，無視一切威脅，因爲不勝利就無法生存。這不是爲了大英帝國，或者英國所代表的一切，更不是爲了策動時代，而是爲了讓人類朝著他的目標邁進……」這段話中的熱情與使命感令人動容，而這個充滿理想與熱忱的首相後來也確實影響著全世界的命運，對維持世界和平做出了重大的貢獻。

從邱吉爾的例子來看，如果我們能在人生當中，用拚命的態度來做一件事，那還有不成功的道理嗎？人們之所以無法實現最初對人生的夢想，並非因爲種種環境因素，而是爲自己找了太多的理由；總是輕易原諒自己、太容易見風轉舵、不停地猶豫不決、失敗後一蹶不振……等等，這些都是企圖心不夠強烈、決心不夠堅定所致。

沒有乘風破浪的決心，又怎能把船駛向彼岸？一旦出發了，就該全力以赴，不讓自己有回頭的餘地，如此才不會在人生的旅程中留下一絲後悔。

智慧小語

全心全意地投入，才能接近勝利的核心。

「我們唯一要恐懼的就是恐懼本身。」

——美國總統羅斯福

這句名言是羅斯福於一九三三年的就職演說中所說，言語中提醒眾人克服恐懼才能有所作為，勇者跟懦夫最大的差別亦在此。成功的人必定與勇氣為伍，只有最堅強的人才能成為人中翹楚。

不過，外表勇敢的人難道沒有害怕的事情嗎？答案當然是否定的。他們跟怯懦者最大的不同，在於他們可以面對自己的恐懼，並將之當成不足掛齒的小事，因而能表現出無所畏懼的態度。事實上，所有的恐懼都是來自心底，懦弱的人總是自己慌了手腳，只有勇者才能冷靜地看破恐懼的假象，如此也就不會因為外在的環境而影響到自己的行為。

一個看起來非常成功、握有決定權的人，其實讓他害怕的事情更多，因為他們身上背負的責任比一般人重大，決策一有錯誤就可能影響到數百萬、甚至全世界的人。一如羅斯福在那樣特別的時機，歷經戰後美國與世界的重整，相信他所擔心害怕的要比一般人多出數百倍。

然而，他卻能以這句話鼓勵自己，也鼓勵著千萬名美國同胞，期盼人人都能克服心中的弱點，勇敢面對任何危難跟考驗。

智慧小語

不被害怕的念頭所控制，才能眞正掌握自己的命運。

「不自由，毋寧死！」

——美國政治演說家派翠克．亨利

「不自由，毋寧死！」這句話出自於美國政治演說家派翠克．亨利，是他於一七七三年美國獨立演說中的講詞，日後更成爲法國革命的口號。

當時美國是英國殖民地，稅賦極重，大部分的農產品、資源都必須貢獻給英國，除此之外，英國當局更藉繁複的印花稅剝削美國人民，最後引爆英美間的激烈衝突。一七七五年，美洲殖民地群眾與大英帝國正式爆發戰爭，美國人民爲爭主權跟自由而戰，結果迫使英國放棄美國殖民地，美國得以獨立，這次的勝利也鼓舞著日後許多殖民地國家，使它們也紛紛起身爭取國家主權。

早期人類社會中，有太多不平等的社會現象，因血統或財富劃分層級，使普通平民百姓一輩子也無法跨越，這也造成歷史上無數次的革命，只爲了爭取自由跟平等的機會。

美國是個從一開始就講求民主的國家，諸多移民者紛紛相中這塊土地，抱著對自由競爭的希望移民到這塊新大陸。儘管如此，剛開始時人民無法享受自己辛苦的成果，必須為英國所箝制，民眾們為了自由，也曾歷經辛苦抗爭的過程。

而我們走在前人開闢的自由道路上，呼吸著平等的空氣，假如對這莫大的幸福仍毫無知覺，就愧對於前人的血汗努力了。我們應該珍惜自己所擁有的自由環境，相信任何人都有機會，每個人也都是平等的。只要懂得如何善用這樣的環境，必定能為自己創造更幸福的人生。

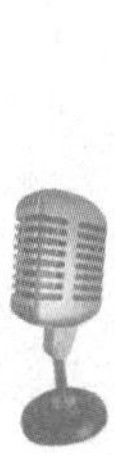

智慧小語

扭轉個人的命運，需要付出無數的辛勞和汗水，但一切都將是值得的。

「生命誠可貴，愛情價更高；若為自由故，二者皆可拋！」

——匈牙利革命家斐多菲

一九五六年十月三日，十多萬的工人和學生在布達佩斯的街道上搖旗吶喊，群眾們誓死要推翻壓迫匈牙利人民的專制政權。

秘密警察、蘇聯軍隊和人民革命群眾之間爆發激烈的流血衝突，機關槍、大砲、手榴彈的射擊轟炸聲震天價響。布達佩斯的巷戰好比一聲巨雷，喚起了全體匈牙利人民的革命決心。

斐多菲正是誕生在這時代裡的匈牙利革命家，他出生於多瑙河畔的貧困農家，曾在匈牙利軍隊裡當過兵，也做過流浪詩人走遍國內，他深深瞭解到匈牙利人在奧地利皇帝統治下的痛苦，因此號召革命爲獨立而戰。

剛開始革命如火如荼地進行，一切相當順利，斐多菲率領的革命軍占領了布達佩斯，釋放了政治犯。眼看就要被推翻的奧地利政權，卻得到俄國的援助，包圍了匈牙利革命軍，而斐多菲也在俄國援軍的攻擊下，壯烈犧牲。然而，他在這場革命中所說的：「生命誠可貴，愛情價更高；若爲自由故，兩者皆可拋」，卻已永遠留在匈牙利人民的心中。

一個小小的匈牙利國家，僅僅憑著一股熱血犧牲的精神，竟然敢率先反抗當時專制的強權國家。如果我們能將自己的理想也當成革命，用革命家的熱忱來奮鬥，那還有什麼做不到的呢？

智慧小語

唯一能讓人無所不能的，就是一股熱忱而已。

「對意志永不屈服的人而言，沒有所謂的失敗。」

——普魯士王國首相俾斯麥

有「鐵血宰相」之稱的普魯士政治家俾斯麥，正是一個勇者的象徵，他不向現實屈服，以自己的雙手改造國家的命運，而他所說的這一段話更展現了無比的勇氣。

「不肯面對失敗」跟「不承認失敗」，其實是兩種完全不同的心理，前者是逃避的懦夫，後者則是根本不把失敗當一回事的強者。有人遇到挫折只想迴避，或假裝沒這件事情，就像把頭埋在沙堆裡的鴕鳥，不僅於事無補，還會落得被人看輕和譏笑的下場。基本上，如果把失敗當成一件可恥的事情，不但無法改變這項事實，更會不斷地重複這種可悲且灰暗的命運。

還記得小時候，我們經常會看到那些體型瘦小、老是被欺負的孩子，受了委屈就哭喪著臉，除了老師和長輩外，其他同年紀的小朋友鮮少會對之抱以同情，因此下一次被欺負的依然是那個孩子。然而，如果是堅強一點的孩子，會開始懂得自保，甚至去學跆拳道、空手道，讓自己變得更強壯，如此一來，別人就不會再隨便欺負他。

這就是一個心態的轉換，如果我們能因爲挫折而看出自己的弱點，把自己脆弱的部分加以強化，失敗也不過是一個過程，幫助自己更認清自己，而不是一種打擊。學習當一名強者，無須把失敗放在眼裡，因爲它影響不了你追求目標的腳步，挫折也不過是讓人變得更堅強的過程罷了。

智慧小語

只要你不把失敗當一回事，就沒有任何事情可以擊倒你。

「死的活的都要，哪有這麼簡單的事。」

——南斯拉夫革命家狄托

一九四一年，德國的法西斯軍團以五十六個師的兵力突擊南斯拉夫，逼迫南斯拉夫政府無條件投降，這時有一群人在國家危急存亡之時，轉入地下成立「南斯拉夫人民解放游擊隊」，爲首的正是狄托，這位讓希特勒猶如芒刺在背的悍將。

狄托出身在一個貧窮的農家，十五歲便離鄉背井在外生活，當過鎖匠和鐵匠學徒，最後成爲一位堅強的革命領袖。法西斯曾出動八萬軍隊用「鐵壁合圍」的戰術，依然無法消滅狄托的部隊。希特勒最後想出一個計畫——「棋盤上的跳馬」，打算用空降部隊來消滅狄托跟他的司令部。

那天是狄托的生日，他打算到裁縫師那兒去拿衣服，準備參加同伴們爲他舉辦的慶生會。他一走出山洞就看到兩架德國轟炸機，不斷地投擲炸彈，並且跳下許多空降部隊。敵方傘兵落地後馬上朝山洞方向進攻，他們大喊著：「抓住狄托，死的活的都要。」

游擊隊被迫放棄山洞的基地，逃向河岸，沒想到德國的戰鬥機緊追不捨，游擊隊員們紛紛撲倒在狄托身上，用身體幫他擋子彈，幸虧狄托最後成功地逃離德軍的追殺。逃亡路上，一名部屬對狄托說：「讓我幫你背自動步槍吧！」狄托聽了只意味深長地回答說：「我可不想現在就繳械呢！」

部署在後方的游擊隊員最後成功擊退德國的傘兵部隊，收到捷報的狄托這時笑說：「死的活的都要，哪有這麼簡單的事。」這次希特勒的計畫又宣告失敗，得到的只是一套狄托留在山洞裡的制服。

眞正的勇者在面臨生死存亡之際，都還能談笑風生，甚至對敵人的威脅嗤之以鼻，這需要相當的冷靜跟自信，如果我們也能有狄托那種能耐，相信再大的困難都無法打倒我們。

智慧小語

革命者具有大無畏的精神，這令再強大的對手都束手無策。

「上帝造人皆為平等，真正的天堂既無諸侯和貴族，也沒人會受壓迫。」

——德國宗教改革者閔采爾

十六世紀初期，閔采爾創立的「基督教同盟」領導德國農民們起義，推翻了專制剝削的統治階級，將政權交給人民創立的「永久議會」，而閔采爾亦被公推爲議會主席。他當選後宣布「永久會議」的目標，計畫廢除諸侯和貴族的封建特權，徹底消滅地主，使所有人民一律平等。

受到閔采爾的激勵，更多的農民響應號召，軍隊組織迅速擴張，這把革命的火焰嚇壞了那些貴族階級。其中的死硬派堅決向閔采爾宣戰，爲首的正是腓力伯爵。他利用奸計，一面跟農民協議和平，又在背地裡發動攻擊。腓力伯爵用洋槍大砲對抗農民的鋤頭鐮刀，農民們節節敗退，犧牲慘烈，閔采爾更受到重傷，不幸被捕。

在審判會場上，閔采爾堅拒投降，當腓力伯爵提高嗓子質問道：「諸侯和貴族的權力是上帝所賦予，你膽敢用雞蛋碰石頭？」閔采爾卻昂然回道：「不！你錯了。上帝造人皆爲平等，眞正的天堂既無諸侯和貴族，也沒人會受壓迫。」

雖然最後閔采爾慘遭殺害，永久會議的成員也一個個被處死，但爭取平等的精神卻保留了下來，甚至導致後來羅馬教皇勢力的瓦解，鼓動取而代之的馬丁路德教派，對德意志的宗教獨立有極大的貢獻。

人都會想保住既得利益，歷史上爲了爭取平等、自由而爆發的戰爭屢見不鮮，這些革命者只爲一個「理念」而戰，的確値得後人景仰與學習。

智慧小語

唯有理念可以幫助你完成不可能的任務。

「天地的運行不會因為這些笨蛋的嘲弄而改變。」

——天文學家哥白尼

哥白尼是著名的天文學家，他所創立的「太陽中心說」，打破了中世紀人們對天體運行的迷思，但他也因此被當時的教會視爲叛徒，遭受傳統輿論的撻伐。

哥白尼出生於一四七三年波蘭的一個小村落，父親是烤麵包工人，在他很小的時候就過世了，他於是搬去和擔任主教的舅舅一起生活。小時候，舅舅經常對他講些太陽星星的故事，並且給他一些天文書籍，因而引發了他研究天文的興趣。

哥白尼二十六歲時受聘爲羅馬大學的天文學教授，他原本也奉行亞里斯多德的「地球中心說」，以上帝所創造的地球做爲宇宙的中心，而這也是被教會奉爲眞理的理論。然而，隨著哥白尼研究造詣的提升，他慢慢發覺理論中的破綻，了解到太陽才是世界的中心，而地球只是繞著太陽而運行，因此提出了「太陽中心說」。

提出這個新理論後，哥白尼跟教會起了極大的衝突。他決心辭去教職，專心研究並著手《天體運行》一書的著作。然而，附近的居民還不斷地嘲笑他，干擾他的研究，有次他的朋友想替他出口氣，他郤回說：「不用了，天地的運行不會因爲這些笨蛋的嘲弄而改變。」

哥白尼的學說擴大了人類的眼界，除了對科學有巨大貢獻外，也讓科學得以獨立於宗教的控制之外。因此，當我們遇到阻礙時，不妨學習一下哥白尼的精神，只要你的堅持是對的，就繼續做下去；畢竟群眾是盲目的，他們只有看到結果時，才願意眞正去相信。不要當一個後知後覺的追隨者，只要勇敢創新，終有一天眞理會站在你這邊。

智慧小語

不要隨著輿論起舞，把握住自己的原則，就能成爲勝利的一方。

「我們要用鮮血來回應侵略者！」

——印度詹西女王

當印度還是英國的殖民地時，英國法律規定，印度各邦的王公如果沒有兒子，所有的財產和土地就要由英國政府沒收。詹西這地方的王公夫人名叫葩依，她本來生了一個兒子，但是不幸夭折了。英國殖民局得到消息，立刻派兵前來，準備沒收詹西王公所有的領土。

但是這時候剛好發生印度士兵起義，殖民局派了人來和詹西女王談條件，希望她能幫助英國平反那些印度士兵。

「只要夫人和我們一起鎮壓革命，總督就將沒收的土地還給你們。」前來的傳令兵如此說道。

詹西女王口裡答應著，心裡卻另有打算，等傳令兵走遠，另一道門走進來一群將領，原來他們正密謀和那些印度士兵裡應外合，一舉推翻英國殖民者。在這場會議中，詹西女王拿出佩刀往手上一劃，鮮血一湧而出，她態度堅決地發誓說：「我們要用鮮血來回應侵略者！」

第二天，詹西女王的戰略果眞收效，不但光復了詹西城，起義軍更不斷從印度各處蜂擁而出。她是印度起義的第一位女英雄，也埋下日後印度獨立運動的火種。

這位詹西女王的確是傳統社會中的獨特女性，敢在那樣的時代和社會背景下，勇敢爲革命而戰。如果我們也能有這樣堅毅的決心，除了前進，不尋求任何退路，相信不管身在怎樣的困境或是環境之下，都能讓自己殺出一條血路。

讓自己活得轟轟烈烈，爲理想而活，勝過委屈求全，只有曾經認眞地爲自己做了些事情，日後回顧起來，才會慶幸不枉此生。

智慧小語

只要下定決心，有壯士斷腕的精神，就沒有事情可以難得倒你。

「我不能犧牲人民來救回我的兒子。」

——海地總統杜桑

一七九一年，當時還是法國殖民地的海地爆發了動亂，一群黑奴闖進法國官吏和農場主人的房子，放火將產業都燒盡。這當中的領導人物就是杜桑．盧維杜爾。

杜桑原是非洲人，他被法國擄到海地當作奴隸，後來成爲一名軍醫。當時海地大部分的人民都是黑人奴隸，而奴隸身份是世襲的。這些黑人奴隸爲了爭取自由而起義，在杜桑的領導下，很快地打敗了法國和西班牙的殖民軍，並召開「海地會議」，編寫了世界上第一部由黑人所制訂的憲法，永遠廢除奴隸制度，杜桑並被推舉爲總統。

不過，法國當權者拿破崙卻沒有那麼容易死心，他派出統帥勒克萊爾率領軍艦再度前來，與海地交戰，不過法軍始終無法占到優勢。勒克萊爾狡猾多詐，他把杜桑兩個留學法國的兒子抓來，強迫他們寫信給杜桑，杜桑雖然痛苦，但是卻說：「我不能犧牲人民來救回我的兒子。」

勒克萊爾見他不從，過幾天又寫信來，這次態度卻緩和許多，信中表示：「你再也不可能找到比我更誠實的朋友了。」

沒想到杜桑卻中計了，他以爲勒克萊爾是眞心的，等他一抵達談判現場，就立刻被抓住送往法國，拖了許久還是被殺害。不過這卻引起海地人民更大的憤怒，起義軍大舉發動抗爭，勒克萊爾最後便死在海地。一八〇四年，海地人民宣告獨立，成了世界上第一個黑人共和國。

歷史上革命家們「犧牲小我，完成大我」的偉大精神，實在是對當今政局的一大諷刺！過去革命者所追求的是一個理想，爲之不惜犧牲奉獻，即使最親的家人也不如廣大的人民重要，他們能將小愛化爲大愛，如此無私的精神，實在值得後世所學習。

即使我們還無法達到那樣偉大的境界，但是如果可以用這樣的精神來做事業，把握大原則，犧牲小枝節上的利益，那樣的成功才具有大格局，才是生涯中極大的勝利。

智慧小語

犧牲小我，完成大我。

「沒有會場，我們就到網球場去。」

——法國「國民會議」的代表們

一七八九年，法王路易十六自從召開「三級會議」之後，巴黎就一直處於動盪不安的情勢當中。所謂三級會議，是將國民分爲三個階級：僧侶、貴族和最底層的平民，這中間包括了許多知識份子和富人。

表面上似乎平民爭取到了民主發言權，但是在會議召開時，卻刻意將第三級代表趕了出去，這引起代表們的不滿，他們於是決定自行組成「國民會議」，代表全體法國國民決策國家大事，這讓路易十六難以忍受，派出了軍警封閉議會現場。

「國民會議」的代表們不爲所動，高聲反抗道：「沒有會場，我們就到網球場去！」於是所有代表一同前往了網球場，站著宣誓：「不制定憲法，議會絕不解散！」

國王人馬派兵鎮壓，引起巴黎居民的反抗，全民衝進軍火庫搶走槍砲，準備和皇室人馬大拚一場，皇家軍隊一看，立刻抱頭鼠竄。巴黎革命到達最高潮，當時巴士底監獄關了許多反對國王的政治犯，民兵於是朝巴士底監獄進攻。

經過數小時激戰，巴士底監獄被攻克，革命者將這座監獄徹底炸個精光，放出政治犯，封建王國至此走入窮途末路。爲紀念這代表資產階級革命的戰爭，法國還將七月十四日這天訂爲法國的國慶日。

只要有心，任何的困頓都不能挫折你、控制你，改變你的目標。想要致富的人，連垃圾都可以將它變成黃金，沒有不可能的事情，只有做與不做的分別。

智慧小語

不要抱怨環境不能給你什麼，而是要問自己可以做些什麼。

「我就是眾所期待、當之無愧的『馬赫迪』，無須接受任何人的委任！」

——蘇丹革命家艾哈邁德

艾哈邁德來自蘇丹一個貧苦的船工家庭，原本是傳教士。當時蘇丹淪為英國殖民地，所有掌權者全換上英國人，對百姓予取予求，因此艾哈邁德決心掀起革命。他藉回教經典中關於「馬赫迪」降世帶來和平公義的傳說，宣稱自己就是「馬赫迪」（意指「救世主」），將要發動一場聖戰，目的是趕走外國的侵略者。

剛開始時，蘇丹的總督欲說服他放棄這個稱號，停止「叛逆行動」，艾哈邁德不僅不予理會，還大肆擴張革命軍，攻佔蘇丹第二大城。英國派出希柯斯上校與之對抗，沒想到希柯斯陣亡，接著英國派出戈登這名大將，並任命他為總督。

戈登一上任，便寫了封信給艾哈邁德談和，表示願意讓他出任柯爾多凡省的省長。艾哈邁德卻簡單地回答說：「我就是眾所期待、當之無愧的『馬赫迪』，無須接受任何人的委任。想想你唯一的生路，向我們投降吧！」

艾哈邁德繼續他的革命，完成蘇丹獨立的理想，戈登也在對戰中輸給了他，死在戰役中。雖然艾哈邁德因病早逝，但是接任的領袖卻幫他完成了大業，蘇丹終於獨立。

相信自己是獨一無二的，你的行爲、思想就不會被人所左右，你的目標將更爲明確，不致左右搖擺。尤其像現代充斥著太多的資訊跟雜音，如果沒有把持得好，很容易讓自己隨波逐流，聽到什麼好就往那裡去，失去了方向感，就算再大的才能也會被分化掉，浪費無謂的精力和時間。

智慧小語

知道自己是什麼樣的人，然後專心一意地朝目標前進。

「只要陛下給我一個名義，我就可以率軍赴往戰場。」

——德軍統帥瓦倫斯坦

「三十年戰爭」初期主要發生在德國與捷克兩國之間，拉長的戰事使德軍疲於奔命，國內財政亮起紅燈，這時，本來跟德國結盟的丹麥，也為了爭奪北歐霸權而與德反目。對德國來說，此時根本無餘力再對付丹麥。皇帝於是焦急地問大臣：「誰能領兵對抗丹麥，就有重賞。」

但是在場所有的將軍卻一片沉默、低下頭來不敢正視德皇，忽然間，一句「我願意」劃破寂靜，令皇帝眼睛為之一亮，這個開口的不是別人，正是將軍瓦倫斯坦。

皇帝非常高興，問道：「太好了，那你的兵力夠嗎？需要我額外協助些什麼？」

「我已經募集了三萬多名的兵力，陛下不用擔心。」瓦倫斯坦信心滿滿地說：「只要陛下給我一個名義，我就可以率軍赴往戰場了。」

瓦倫斯坦是一個傑出的軍事專家，他早就看出皇帝的軍隊不堪一擊，於是自行招募了軍隊，實施嚴格訓練。因此一逮到機會出擊，就逼得丹麥節節敗退。瓦倫斯坦不但重挫了丹麥的軍力，讓戰況逆轉，最後甚至將丹麥趕出德境。而德皇也實現了承諾，大大地重賞他。

凡事都要事先規劃好，一旦有機會就緊咬不放，這是瓦倫斯坦得以勝利的原因。不要問機會來不來，只要問自己準備好了沒，無論何時都要堅持一個理念，爲目標而戰，這就是成功最好的理由。

智慧小語

只要找出一個值得你努力的理由，你就能爲自己創造奇蹟。

「兄弟們都在衝，我怎能躲到後頭去呢？」

——俄國德米特里大公

一二四〇年，拔都率領蒙古軍占領了大部分俄國的領土，建立龐大的欽察汗國。他命令領地內的俄國王公都必須向他朝貢。爲了向欽察汗國納貢，各王宮卻轉爲向老百姓搜刮財物，不僅如此，汗國的官吏也到各城市去索討貢物，令俄國地區的百姓民不聊生，這樣的情況持續了八十年。

一直到一三二七年，可汗派出使臣到福爾加河岸的特維爾，當地正好是亞歷山大王公的領地，盟軍在當地大肆搶劫，亞歷山大忍無可忍，起身反抗，大敗蒙古軍。

事發後拔都欲前往征討，這時，莫斯科王公伊凡自告奮勇，表示願意跟隨拔都征戰。亞歷山大在這場戰役中失敗被殺，伊凡王公則因此得到拔都的賞識，開啓了擴大疆域的野心。伊凡死後，其子德米特里王公繼位，當時莫斯科公國到達最顛峰時期，然而欽察汗國卻開始衰敗，德米特里王公見機不可失，於是起意把蒙古一舉趕出俄國。

兩國戰事一觸即發，德米特里的大軍和蒙古軍於頓河南岸交鋒，德米特里王公一開戰就奮勇衝向前，護衛他的將軍見狀急忙擋道：「王公，您這樣太危險了，請待在後方或兩旁。」

德米特里回道：「兄弟們都在衝，我怎能躲到後頭去呢？」

這場戰役激起整個俄羅斯民族對蒙古的反抗行動，直到伊凡三世時，莫斯科王國終於擊退蒙古，結束了被蒙古統治長達兩個多世紀的命運。

古人說：「擒賊先擒王。」當一個團體的領袖都被俘虜了，下頭的兵士再頑強也終究會信心潰散，束手就擒。唯有成爲生命共同體時，才能凝聚團結的力量，尤其是作爲一個領導人物，許多人都將希望放在他身上，其一舉一動都能牽動全體士氣，造成輸贏的關鍵。德米特里身先士卒，以身作則的精神，激起所有俄國人民的勇氣與熱血，影響之大，甚至能改變整個國家的命運。

智慧小語

以身作則，才是最能激勵人心的作法。

「不入虎穴，焉得虎子。」

——東漢將軍班超

東漢時期，班超因打敗匈奴有功，被派出使西域。啓程後，他第一個前往的就是鄯善國（即樓蘭）。鄯善國的國王對班超的威名早有耳聞，因此特別盛大款待。

但是過不了多久，國王的態度忽然變得傲慢起來。班超見狀，大約猜出一二，於是召集了同行的三十幾名部屬，告訴他們說：「鄯善王的態度突然轉變，我想是匈奴那邊也同時派出使者來籠絡，使他猶豫起該服從哪一邊。我早就料到有此狀況，現在局勢更是明顯了。」

於是部屬四下打聽，果然眞有其事。於是，班超和部屬緊急商討對策，說：「我們現在處境危險，匈奴使者才來幾天，鄯善國王就這麼冷淡，萬一再拖久一點，搞不好會將我們獻給匈奴。」

一位大將問道：「那將軍有何對策呢？」

班超答道：「不入虎穴，焉得虎子。乾脆我們先下手爲強，今晚就殺了匈奴使者，如此鄯善國王才會一心歸順我朝。」

於是班超與部屬們趁夜侵入匈奴帳棚，將他們都殺了，而鄯善國也從此歸附漢朝。

班超的先見之明，不僅讓自己躲過一劫，也順利地達成預定的目標。如果我們凡事能先做預測，事先做好準備，必定能幫助自己順利度過危機，甚至扭轉情勢，讓局勢轉成對自己有利。

舉凡世上的成功者，多半都是能預先看到平常人所看不到的未來，也因此能奪得先機。因此，我們要隨時培養自己的眼光，如此才能爲自己創造更多成功的機會。

智慧小語

事情不要光看一面，必須多方位思考，才能讓自己站在人生的制高點上。

「將在外，君命有所不受。」

——春秋時期兵法家孫武

孫武從齊國流浪到吳國，向吳王闔閭獻計《兵法》十三篇，吳王讀後大爲讚賞，立刻要求孫武當場演練示範。

不過，吳王還想出一個計謀，要故意考驗孫武。吳王從宮中挑選宮女，分作兩隊，以吳王的兩名寵妃爲隊長，讓孫武進行訓練。

演練開始後，孫武在前頭說明紀律，但宮女們卻不停喧鬧嬉笑，絲毫不認眞。經過他再三斥責，宮女們依舊如故，孫武於是宣布：「軍令不明，是將領的責任，軍令頒布清楚之後，士兵依然作亂放肆，那就是士兵的罪責。」於是立刻下令將兩名爲首的妃子斬首，宮女們慌亂成一團，掩面而泣。

這事情傳到了吳王耳中，眼見自己的寵妃即將被斬首，連忙派人勸阻。孫武卻義正嚴辭道：「將在外，君命有所不受。」仍舊斬了兩名寵妃，接著進行第二次操練，此時宮女們人人整齊肅敬，沒有人再敢用開玩笑的態度來看待。

訓練完畢後，孫武請吳王觀看成果，表示這支軍隊已經可以正式作戰了，吳王卻很不高興，要孫武作罷，孫武聽了，回答說：「沒料到，皇上是好其言，而不用其實。」

這句話點醒了吳王，終於重用孫武，而吳國也日益壯大。

我們身處於怎樣的環境之下，就應對當時的身份負責。不管過去曾經是主管或者父母的掌上明珠，換了一個職務，就該盡好那個工作本身的任務，不論職位的高下。如此，才是對生命做出最好的交代。

智慧小語

先盡好當前的本分，有餘力後再去想別的發展。

「大丈夫為志，窮當益堅，老當益壯。」

——西漢大將馬援

西漢末年，被形容是大器晚成的馬援，原本在扶風當一名小小的郡督，但他卻是個飽讀經書、非常仁厚有德的人，有一次押送人犯時，不忍見囚犯的哀泣而私下將人放了，於是只好逃往邊境。

在北方邊境，馬援以他的聰明，很快成爲富有的牧民，但是他卻將財產分贈親友，自己只穿著寒酸的衣裳。

王莽末年，馬援投奔割據涼州的軍閥隗囂。當時隗囂的勁敵有漢光武帝劉秀和公孫述，當他被派往漢光武帝的陣營打探軍情時，漢光武帝虛心受教，問他：「我有何不如人的地方嗎？」

光武帝禮賢下士的精神感動了馬援，因此轉而爲漢光武帝效命。他在光武帝手下擔任大將，最有名的事蹟是對南方的交趾之戰，平定了當地長年不斷的叛亂。當他凱旋回朝時，受到滿朝文武盛大的歡迎，然而馬援卻謙虛地表示：「男兒應當馬革裹屍，光榮地戰死沙場。」他因此被光武帝封爲「伏波將軍」。

後來洞庭湖附近的蠻夷作亂，光武帝出征失敗，當馬援知道後，立刻向光武帝稟報，自願帶兵出征。但當時光武帝卻有些顧忌，回他說：「你可能太老了。」馬援卻回答說：「大丈夫爲志，窮當益堅，老當益壯。」此語令光武帝大爲激賞，最後任命他爲大將軍，馬援也不負皇帝所託，大勝而歸。

要立定志向，任何時候都不嫌遲，不要一味認爲自己錯過了最好時機，只要有心，人隨時都可以東山再起。最重要的是自己的決心跟意志，像馬援這樣不因爲年齡、環境的限制，勇敢朝目標前進，他的一生當然就不會被埋沒，甚至能一路風光得意。

智慧小語

成功不嫌晚，只怕你從未努力過。

第二篇

歷史關鍵的一句話

「如果你們不理會上帝跟少女的信息，我會立刻用毀滅的手段讓你們重視。」

——聖女貞德

英法百年戰爭後期，法國本來已經收復了大部分的失地，但是到了查理六世繼位，卻因爲治國無方，內神通外鬼，讓英國逮到機會，占領了法國北部和巴黎。

一四二八年，英軍再度揮軍南下，欲取奧爾良城，一旦被英軍攻下，法國南方就岌岌可危了。繼位的年輕國王一聽說英國已經包圍奧爾良城，嚇得躲到一個偏僻的鄉村。

這時，出現一個女孩向國王提出了她的抗英計畫，表示願領軍作戰，她就是貞德。

法國國王本來對她的話半信半疑，但是看她意志堅定、胸有成竹的模樣，就姑且讓她一試。貞德受到委命，換上男裝、召集了許多志願者隨行，來到奧爾良城附近，她先寫了封信給英國，信中說道：「是你們撤出法國的時候了，如果不照辦，那很快就要大禍臨頭了！我是爲了把你們逐出法國而來，如果你們不理會上帝跟少女的信息，我會立刻用毀滅的手段讓你們重視。」

英王起先根本置之不理，貞德於是開始向奧爾良發動攻擊，沿途並受到民眾的支持，紛紛加入她的陣營，一起對抗英國。貞德的軍隊最後也眞的擊退英軍，收復了奧爾良，大大提振法國的士氣。

奧爾良一戰後，貞德計畫繼續前進巴黎。但是因爲法王的懦弱，讓她在巴黎城下孤軍奮戰，最後不幸遭英軍俘虜，被燒死在里昂的廣場。

貞德雖然不幸犧牲，但她的事蹟與勇氣激勵了法國人民的愛國意識，各地人民紛紛起身反抗英國，最終將英軍全部趕出法國，英法百年戰爭就以法國的勝利收場。

智慧小語

失敗只是一時的，如果能引發正面的影響力，這樣的失敗也算另一種成功。

「不管是什麼階級，準備好你們的旅費，在上帝的帶領下，踏上東征之路吧！」

——羅馬教皇烏爾班二世

位於法國南部的一個小城這天忽然熱鬧起來，原來這裡正舉行著盛大的宗教會議，來自歐州各國的大主教、諸侯、騎士和平民齊聚一堂。

教皇烏爾班二世向眾人說道：「現在有一個光榮的任務正等著你們。在我們居住的西方世界裡，土地貧瘠，多數人只能勉強餬口，但是在遙遠的東方，連窮人都可以豐衣足食，不必擔心挨餓。那裡有個耶路撒冷城，是地球的中心，比任何地方都富有，猶如天堂一般，即使最貧苦的人，只要到了那裡，都可以變得幸福快樂。」

人們聽了這番話，都高興地叫喊起來。

接著教皇又說：「耶路撒冷原本是耶穌基督的聖地，我們的主在那裡出生、埋葬，但是現在卻被伊斯蘭異教徒給霸佔了，我們要把聖地奪回來。不管是什麼階級，準備好你們的旅費，在上帝的帶領下，踏上東征之路吧！」

眾人聽完教皇的演講後，沒有不顯得慷慨激昂，他們夢想著東方這個天堂，於是紛紛領了一塊紅布做的十字，穿戴在身上，成爲「十字軍」的一員。十字軍的東征之路從君士坦丁堡出發，隊伍成員遍及各階層，有窮苦農民，也有眞正的騎士，目標是拿下耶路撒冷，這就是史上第一次的十字軍東征。

後來，十字軍總共歷經八次出征，皆無功而返，教皇利用上帝的名義煽動群眾，以實現個人擴張領土的野心。這類假借宗教或理想的名義，欺騙他人爲其私慾效命的惡行，歷史上總一再重演，著實令人不勝唏噓！

智慧小語

慾望容易使人成爲別人利用的工具，安於本分才不會跟惡魔打上交道。

「為了不讓別人指責我們懶散度日，我們就在這裡修建一間小小的祈禱室吧！」

——法蘭克王國查理大帝

中古世紀時，法蘭克王國可以說是歐洲蠻族中最強的王國，他們在五世紀中葉占領了西羅馬帝國在高盧的最後領土，當查理繼位之後，法蘭克王國更是達到極盛時期。

這天，由查理大帝率領的軍隊越過阿爾卑斯山，向義大利北部的倫巴底王國進攻，這是查理大帝對倫巴底的第二次進軍。之前倫巴底因爲多次進犯羅馬，查理大帝應羅馬教皇要求，攻打倫巴底，倫巴底人戰敗之後，國王將女兒嫁給了查理。因此，倫巴底國王算起來還是查理的岳父，不過因爲查理不可能善待這位皇后，引起倫巴底國王的不滿，敵對情況又再度產生，而查理大帝也決定趁機征服倫巴底，將其納入版圖。

當查理大帝兵臨城下時，由於倫巴底國王還沒親眼看過這位女婿，於是便爬到城牆上眺望，不斷問身邊的貴族說：「查理就在那裡面嗎？」

「不，那是查理大帝的兵馬。」貴族回答。

正當國王左顧右盼時，貴族突然大喊一聲：「那就是查理，查理出現了！」

倫巴底軍一時驚惶不定，國王更火速下令緊閉城門。

查理大帝看到城門緊閉，輕鬆地笑了笑，告訴部屬說：「好吧！那我們今天就不進城，不過爲了不讓別人指責我們懶散度日，我們就在這裡修建一間小小的祈禱室吧！即使他們不打開城門，我們還可以在這裡做禮拜。」

第二天一早，倫巴底國王登上城門一看，城門前竟然出現一座華麗的教堂。建造教室通常需要一年的時間，而查理大帝竟然輕易地在一天之內完成這個任務！

「那他還有什麼做不到的呢？」倫巴底國王心想，於是決定不戰而降，查理大帝便輕易地取得義大利北部。之後他東征西討，疆域包括了現在的義大利、德國以及法國等地。

用「談笑間，強虜灰飛煙滅」來形容查理大帝在這場戰役中的表現，應該是再貼切不過了。他的威力橫掃整個西歐與中歐大部分領土，堪稱是中古世紀最偉大的國王之一。

智慧小語

越是精明的人，越見其沉著的功力；如果遇事急躁的話，其實就先輸掉一半了。

「如今缺口已經打開，我給你們一座宏偉的城市、世界的中心，現在，勇敢地衝進去吧！」

——土耳其國王蘇丹

一四五三年，土耳其帝國的國王蘇丹親率數十萬大軍和百艘軍艦，團團圍住東羅馬帝國的首都君士坦丁堡。由於君士坦丁堡的形勢險要，蘇丹國王決心要讓其成爲伊斯蘭教的中心，東羅馬帝國的國王在求和不成後，也準備背水一戰。

蘇丹國王的幾次進攻計畫都被敵軍瓦解，後來蘇丹改採海戰，但卻遇到支援東羅馬的熱那亞船艦，對土耳其軍又是一次重創。這時，土耳其艦隊司令心生一計，找來熱那亞的商人私下協議，約定在土耳其拿下君士坦丁堡後，任商人們自由通行。

協議談妥後，土耳其軍隊繞過羅馬軍隊在金角灣的封鎖，將船隊部署於另一側。

這次的出擊讓東羅馬帝國措手不及，調來守門的軍隊，這下子兵力分散，終於讓土耳其逮到機會把君士坦丁的城牆炸出個大洞。蘇丹國王更親上前線，對士兵們鼓舞道：「英勇的回教士兵們，如今缺口已經打開，我給你們一座宏偉的城市、世界的中心，現在，勇敢地衝進去吧！」

東羅馬帝國的皇帝君士坦丁看到土耳其的旗幟飄揚在君士坦丁堡，連忙脫去華麗的衣袍，奪門而逃，後來被敵軍的士兵發現，遭刺殺而亡。土耳其士兵在君士坦丁堡內燒殺搶奪，連續三天三夜，壯麗的宮殿付之一炬，君士坦丁堡的淪陷，也象徵著東羅馬帝國的結束。

人很難不受到利益的誘惑，重賞之下必有勇夫；一般的企業想激勵員工準時上班，都會設立全勤獎金，此外，豐厚的業績獎金更是幫助許多業務員創造佳績的主要誘因。由此可知，適時的利誘，不管在做任何事情上，似乎眞有其效呢！

智慧小語

如果你想要別人替你做事，最好先想清楚你可以給對方什麼。

「只有駱駝才能穿越沙漠。」

——阿拉伯帝國將領卡立德

中古世紀當阿拉伯人積極向四周擴張領土時，他們的第一件大事就是跟強國東羅馬帝國爭奪敘利亞。阿拉伯軍隊原本打敗了東羅馬帝國，但是不甘心的東羅馬帝國皇帝又派軍反擊，重創阿拉伯軍隊。

當阿拉伯國王得知戰局大逆轉時，立刻派出了有「阿拉之劍」封號的大將卡立德前往支援。卡立德這次的任務不只是救援，還包括拿下敘利亞。他計畫穿越大沙漠到大馬士革，從後方包抄東羅馬軍隊。不過，橫越沙漠是艱辛而危險的行程，他挑選了數百名精銳，全部以駱駝爲坐騎，只帶少量馬匹。

有名軍官忍不住問他：「我們回教徒向來是騎馬的，光靠這幾匹馬怎麼打仗呢？」

卡立德自信滿滿地回答說：「只有駱駝才能穿越沙漠，眞主會保佑我們的。」

阿拉伯軍隊在沙漠中行進，糧食和水最後都用完了，卡立德立刻下令宰殺駱駝，喝牠們囊袋中的水、以駱駝肉充飢，終於讓軍隊走出了大沙漠。當他們出現在東羅馬軍團面前時，敵軍來不及應變，被卡立德的士兵重重擊潰，卡立德也順利拿下了敘利亞，阿拉伯帝國始正式定都於大馬士革。

如果不是因爲卡立德的遠見，士兵們即使騎乘矯健的馬匹，恐怕也無法撐到作戰地點，最後注定命喪黃沙中。因此，在生命的旅途中，當我們遇到二選一的難題時，記得要順應情勢，做出對當下最有利的決定，最輕鬆的路未必能通向終點。

智慧小語

眞正的智慧是看別人看不到的地方，凡事超前一步，才能成爲最終的勝利者。

「人生難免一死，但由統治者淪為流浪者，那比死更難以忍受。」

——東羅馬帝國查士丁尼大帝的皇后

當西羅馬帝國被蠻族滅亡之後，東羅馬帝國依然強盛，但是農民以及一般老百姓的生活卻比被蠻族占領的西羅馬帝國還不如，因此帝國內民怨沸騰，危機一觸即發。

當時，東羅馬帝國首都君士坦丁堡有一種馬車競賽，無論貴族或平民都可以到那裡觀賽。由於賽馬的車夫服裝顏色有別，不同隊伍的支持群眾也身穿不同顏色的衣服作爲區別；而這些衣著的顏色到後來更演變成政治派別的象徵，賽馬場儼然成了政治鬥爭的場所。爭鬥後來越演越烈，當時的皇帝查士丁尼擔心群眾失控，會鬧出大事來，於是到賽馬場抓幾個人，以殺雞儆猴的方式做爲警告。

但沒想到這做法卻更加惹惱了群眾，人們以救出政治犯爲號召發動革命，許多宮殿因此被放火燒掉了。暴動過後沒幾天，查士丁尼因爲疑心，將他其中一個名爲希伯的姪子趕了出去，沒想到卻被王宮外的民眾推爲新任皇帝。除此之外，支持革命的元老們意見開始分歧，有人主張立刻攻進皇宮，有的卻認爲該放查士丁尼逃走。而皇宮內國王的人馬也開著緊急會議，商討對策，思索著：究竟是該逃命，還是留下繼續爲王室而戰？

正在舉棋不定時，查士丁尼皇后開口了，她說：「我認爲逃亡是下下之策，人生難免一死，但由統治者淪爲流浪者，那比死更難以忍受。如果要逃命的話，以我們的財富絕不成問題，但只怕大王終有一天會後悔，反而寧可當初壯烈赴死，而不是苟且偷生！」

皇后這段話激勵了查士丁尼大帝和周圍的保皇人士，幾位將軍挺身而出，前往討伐叛兵，最後終於弭平了這場叛變。

當人沒有退路時，就只有上前全力反擊，爲自己衝出一條血路來。成功經常是在退無可退之時激發出來的，老是先設想逃命之路不僅是懦夫的行爲，也會無形中失去許多原本可以成功的機會。

智慧小語

要像勇士那樣活著，而不要像懦夫一樣逃避，否則只是鬱悶過一生。

「我的敵人正關在牢裡，她怎樣也無法謀害到我啊！」

——英國女王伊莉莎白一世

一五六八年，因爲國內政變而逃到英國的蘇格蘭女王瑪麗，成爲伊莉莎白女王的階下囚達二十年。英國反對伊莉莎白的天主教貴族，不斷地武裝暴動，想把女王瑪麗救出來，同時罷黜伊莉莎白，改立瑪麗爲女王，支持此一行動的還有羅馬教皇及西班牙國王腓力二世。

這場暴動最後雖然以鎮壓告終，但西班牙的腓力國王依然不放棄，不斷伺機暗殺英國女王。一天，國務大臣對伊莉莎白女王說：「瑪麗不死，英國就沒有安寧之日。」

伊莉莎白女王無奈地說：「可是一旦殺了她，西班牙更有理由發動戰爭。」

國務大臣回答說：「西班牙是英國海上貿易的勁敵，唯有打敗他們，英國才能坐穩海上霸主的寶座，因此兩國之間難免一戰。不如以謀殺女王的名義將瑪麗處死，如此就能同時解決兩大政敵。」

女王一聽，疑惑地問道：「可是我的敵人正關在牢裡，她怎樣也無法謀害到我啊！」

於是國務大臣獻上一計，讓陰謀份子與瑪麗通信，藉此栽贓瑪麗。計謀如期進行，瑪麗最後被送上斷頭台，西班牙也果然向英國宣戰。然而，這場海戰的結果卻令世人大感意外，聲勢浩大的西班牙無敵艦隊竟被英國海軍所擊潰，西班牙的海上霸主之位也就此拱手讓給了英國。

歷史的教訓總是令人深感震撼，對有心者而言，再牽強的地方都能找到理由，而成功也就在這意想不到之處。

智慧小語

只要有心，再微不足道之處都能找到機會。

「我同時有兩本航海日誌。」

——著名航海探險家哥倫布

哥倫布是十五世紀著名的航海家，也是歐洲世界首次踏上美洲新大陸的發現者，在他傳奇性的旅程中，遭遇到相當驚險的船員叛變，但是任誰也料想不到，最後竟然是一本預先準備好的僞造日誌救了他。

哥倫布啓航之初最擔心的就是船員叛變。即便當時的科學已證實地球爲球體，而哥倫布也深信在他繞行的過程中必定能發現未被開發的新大陸，但與他同行的船員卻未必認同。爲了防止船員在航行的過程中失去耐性，要求返回西班牙，聰明的他竟然想出兩本航海日誌的計策——一本忠實記載航行過程，另一本則捏造內容以鼓舞士氣。

哥倫布的航海計畫進行了一段時間後，船員們果眞因爲看不到任何陸地，感覺前途茫茫而鼓譟了起來，他們開始懷疑哥倫布所提到的大陸是否存在，又擔心繼續航行下去將回不到自己的國土。這時，哥倫布便拿出假造的航海日誌，藉此安撫船員的情緒，並承諾有數不盡的寶藏在新大陸等著他們。

在僞造的航海日誌中，他故意縮短前進的海哩，讓船員以爲自己尚未離西班牙太遠，此外他還捏造航程的估算，宣布只要再三天就可以抵達目的地。然而，這件連他自己都沒有把握的事情，竟然眞的在三天內成眞了，哥倫布一行人終於踏上了美洲大陸！

善意的謊言竟然成了事實，哥倫布憑著巧計與毅力，最終嚐到了成功的甜美滋味。因此，我們也要堅定信念，相信有志者事竟成，總有一天能實現理想，這不能光說是好運氣，而是跟自己的信心有著莫大的關係。

智慧小語

雖然說謊不是件好事，但善意的謊言，有時卻能讓我們達成更重要的目的。

「我親愛的兄弟，因為我未能死在軍中，只好把自己的劍獻給陛下，願繼續做陛下的好兄弟。」

——拿破崙

普法戰爭是拿破崙的最後一戰，也是結束他輝煌戰史的句點。法國對普魯士發動戰爭，原本就是一場冒險，拿破崙以爲趁普魯士沒有準備，快速進攻可以造成德國南北分裂，輕易地擊垮對方。但是拿破崙的計畫卻因軍隊編制混亂，甚至有軍官找不到自己隊伍的情況發生，最終造成這場戰役的失敗。

直到宣戰後第八天，法軍才在邊界部署好兵力，然而又因爲裝備及彈藥不足，讓拿破崙猶豫了幾天，而這段時間卻使得普魯士有了充分準備的機會。他們迅速整裝，反守爲攻，法國一入侵就受到痛擊，拿破崙領著法軍逃到比利時附近的要塞色當，普魯士軍隊也隨後趕至，將其團團包圍。

法軍元帥提議固守待援，以免增加傷亡。但是普軍乘勝追擊，砲轟色當。拿破崙倉皇找來元帥問道：「你看還守得下去嗎？」

元帥回答：「敵軍勢不可擋，我早已身負重傷，無法統帥軍隊，一切由陛下決定。」

拿破崙爲了十萬官兵的性命，只好寫信給普魯士國王，信中說道：「我親愛的兄弟，因爲我未能死在軍中，只好把自己的劍獻給陛下，願繼續做陛下的好兄弟。」

拿破崙一生的風光，就在色當一役中化爲灰燼，最後他簽訂了投降書，也被巴黎人民所罷黜。

人可以因爲一個錯誤的決定，賠上自己的前途，就連拿破崙這樣的英雄人物，也會因一念之差，毀掉了自己的前程。因此，在做每個決定之前，我們都要慎重思考過才是。

智慧小語

周詳的計畫，審慎的行動，才能讓我們躲開跌落懸崖的危險。

「我若不成為皇帝，就只能面對死亡。」

——俄國沙皇凱薩琳二世

俄國的歷任沙皇中，最受矚目的應屬女沙皇——凱薩琳二世，這在當時保守的歐洲社會中頗爲罕見。凱薩琳二世是彼得三世在德國迎娶的妻子，聰明而深具野心。當彼得三世繼任後，她便處心積慮要除掉自己的丈夫，取而代之。

首先，她找了兩位親近的侍衛長前來商量，兩人都表示支持，但他們也坦白分析情勢，認爲凱薩琳二世的財力跟實力都過於薄弱，需要尋求外國勢力的協助。於是皇后找來英國大使，打算與英國協商合作。

英國大使聽完她的計畫，問道：「請問皇后有幾分把握可以成功？」

皇后嚴肅地回答說：「我若不成爲皇帝，就只能面對死亡。」

大使一聽，凜然答道：「既然皇后有此決心，英國必將盡力相助。」

得到靠山的皇后，不久後便發動宮廷政變，處死彼得三世，順利成爲俄國的女沙皇。她在位共三十四年，始終野心勃勃，不斷向外發動戰爭，不停擴張俄國領土。

因此，如果一個人可以決心除了目標不想別的，專心一致，相信連最軟弱的人都可以變得無比強壯。

智慧小語

你的決心有多大，成功的機率就有多大。

「永遠記得這恥辱的一天。」

——美國總統羅斯福

一九四一年的一個寧靜的早晨，一百八十架飛機由航空母艦起飛，悄悄飛向美國珍珠港。這次的轟炸機小隊由日軍總指揮帶領，他們飛越能見度極低的厚厚雲層，卻還能聽到廣播裡檀香山電台播放的夏威夷音樂，以及節目中偶爾穿插的天氣預報：「天晴，能見度良好……」

其實美國駐守在珍珠港的偵察兵並不是沒有發現這隊飛機，但值班軍官卻嘲笑新兵們太過緊張，他們以戲謔的口吻調侃道：「別神經過敏，那是我們自己的飛機。」這是因為美國空軍這天也剛好有一批飛機前來，爲了迎接這列飛機隊伍，當地電台還特別播放夏威夷音樂。沒想到，這音樂竟然歡迎著死神的到來。

由於日本與美國在此之前還在談判桌上協議，美軍怎麼也料想不到，日本軍機竟然會偷襲珍珠港。日機開始轟炸時，美國才驚覺已錯過最佳的反擊時機，機場全部被炸毀，主力艦和巡洋艦被重創十餘艘，艦隊也被打得落花流水、慘不忍睹。

日軍開戰後，日本帝國的代表才到美國國務卿賀爾的辦公室遞交戰爭通牒，當場被賀爾痛罵：「我此生從未見過如此厚顏無恥的文件。」

美國媒體也大罵日本，指責日軍的行爲是卑鄙的偷襲，接著，羅斯福總統也向人民語重心長地說道：「我們要永遠記得這恥辱的一天。」

這次的偷襲行動引發了太平洋戰爭，美國痛定思痛，與英國聯手對日宣戰，接著全世界都捲入了這場世界大戰的浩劫。

無論何時，我們都應保持警戒心，即使是你覺得最不可能發生的事，結果也經常會有讓人跌破眼鏡的意外發展。再小的疏失也可能引發一場全面性的失控，因此我們不能不多加提防。

智慧小語

記取教訓，當作重新站起來的指引。

「他們根本毫無準備！」

——美國遠東艦隊司令杜威

一八九一年時，古巴還是西班牙的殖民地，當時古巴想爭取獨立，導致支持他們的美國和西班牙爲了古巴問題鬧得不可開交。然而，一個事件的爆發，卻導致整個局勢發生巨大的變化，當時的報紙頭條上寫著：「緬因號巡洋艦在哈瓦納被擊沉！」

原來，緬因號是美國的一艘巡洋艦，原本預計開往哈瓦納進行友好訪問，同時藉此向西班牙施加壓力，如今突然被炸沉，令美國大爲震驚。美方認爲此事可能跟西班牙有關。一時間，美國與西班牙之間的關係緊張到頂點。

美西雙方都對此事做了深入的調查；美國認爲是被水雷炸沉，西班牙卻表示沉船是起因於艦艇內部的不明爆炸。然而不管眞相如何，整個事件給了古巴革命份子一個極佳的藉口，足以挑起美西兩方的戰爭，最後使古巴漁翁得利。

兩國之間的戰爭從西班牙的另一個殖民地——菲律賓——展開，這是因爲美國也想利用戰爭拉攏菲律賓。當時受命出征的是美國遠東艦隊司令杜威，然而，當他指揮著艦隊航向馬尼拉灣時，卻發現敵方一點動靜也沒有。

看到這樣的狀況，疑惑的杜威心想：「西班牙人究竟在搞什麼鬼？」於是他下令搜索附近海域，仍未發現任何埋伏，此時，駐守港灣的西班牙軍艦已近在眼前。這下杜威才恍然大悟，大叫一聲：「原來他們根本毫無準備！」杜威見機不可失，趕緊下令重砲轟擊。

杜威抓住了這個難得的機會，戰事也馬上呈現一面倒的局勢，西班牙軍艦在一陣混亂之中，毫無招架之力，最後被美軍殲滅了，菲律賓也趁勢獨立。在接下來的戰役中，西班牙軍隊更是挫敗連連，最後只好求和，而古巴也如願脫離西班牙的統治。

所以說：「事在人爲」，有時看似很難的事情，可能簡單得令人吃驚。只要對自己有足夠的信心，面臨挑戰時能給予正確的判斷，你會發現事情其實沒有想像中的那麼艱難。

智慧小語

機會永遠是給那些準備好的人。

「我是『夢日而生』。」

——日本幕府將軍豐臣秀吉

日本的戰國時代，國內諸侯群起，各自據地爲王、戰火不斷，當時身爲諸侯的織田信長獨具遠見，聰明地引進洋槍大砲，因而能在十一年內就消滅了諸國，成功統一日本。

織田信長手下有名優秀的軍事家——豐臣秀吉，替他建下不少功勞，幫助織田完成統一日本的夢想。豐臣秀吉是個極厲害的人物，他知道雖然日本統一了，但還是有些諸侯不服氣。爲了防止他們造反，他先將皇族的人邀請過來，連同諸侯們一起朝拜天皇。

天皇深知豐臣秀吉背後的用意，於是也配合著演戲，當眾任命豐臣秀吉爲「關白」，也就是執掌大權的宰相。豐臣秀吉得此尊位後，馬上要求諸侯們發誓擁護天皇、服從關白，否則格殺毋論，並株連九族。

除了朝廷內的箝制，豐臣秀吉更下令沒收民間所有的鐵器跟刀槍，用以建造佛室，但其實是爲了防止人民造反。此外，對出身耿耿於懷的豐臣秀吉也開始積極爲自己創造神話，他某次更公開對眾人說：「我是『夢日而生』。」原來，豐臣秀吉的母親信奉太陽神，在生下他的前一晚夢見太陽進入她的身體，因此認定豐臣秀吉是太陽神之子，只要陽光照得到的地方，都必須臣服於他。豐臣秀吉的野心，至此已完全顯現。

謠言的力量有時令人不得不佩服，中國古代也有很多假藉天命號召天下，或是製造神話以吹捧自己的君主，在當時，這些巧技也確實奏效。即使到了今日的文明社會，也存在類似的命理之說，因此，其中的眞假還是得靠眾人睜大眼睛，仔細分辨了。

智慧小語

與其聽信無聊的市井傳聞，不如理性分析背後的眞正因素。

「事情已成定局了嗎？已經沒有希望了嗎？絕不是這樣的。」

——法國總統戴高樂

一九四〇年，德國占領了法國巴黎，當時的國防次長戴高樂極力反對總理貝當對德的投降示好，於是找到機會逃往英國尋求支援。在英國首相邱吉爾的支持下，戴高樂向法國人民發表了抗敵的廣播演說：「事情已成定局了嗎？已經沒有希望了嗎？絕不是這樣的，法國並沒有完蛋，總有一天我們會反敗為勝，無論發生什麼狀況，法國抵抗的火焰絕不應該、也不會熄滅……我向目前在英國和將來可能前往英國的士兵、工程師和工人們發出號召，請和我團結在一起。」

戴高樂的一席話在法國人民的心中點燃起希望之火，巴黎一群學生甚至拿了兩支魚竿在凱旋門前聚集，表示擁護戴高樂的決心。因為法語中的「兩支魚竿」正是「戴高樂」這個名字的諧音。

戴高樂將此次的反抗行動稱之為「自由法國」運動，他的抗敵運動得到海軍中將米塞艾力的支持。雖然得到英軍的協助，法國終究還是戰敗，但當一九四四年蘇俄解放波蘭之後，盟軍從諾曼第登陸，接著向法國前進，而戴高樂的「自由法國」部隊也依附著盟軍行動，此次作戰終於擊退了德國，將德軍全面趕出法國，還給了法國自由獨立。

戴高樂堅決讓法國恢復自由的決心，由此可以看出；他不承認失敗，並且極力扭轉局面，無論環境多麼嚴苛，始終不改其志。假使我們也能學習其中的精神，一次不行再重來、一時無法完成再繼續，一年、兩年，只要你的信念從未動搖，終究有達到目標的一天。

智慧小語

只要你的意識夠堅定，事情總會朝你的希望走。

「日本如果還不接受我們的條件，你們的毀滅將自空中展開。」

——美國總統杜魯門

二次大戰期間，美國成功製造出原子彈，儘管當時德國的希特勒政權已經垮台，日本更不可能擁有原子彈，但美國總統杜魯門卻已經對日本失去耐性，希望及早結束大戰，而以原子彈轟炸日本就是他的最後手段。

在這之前，美、英、中三國聯合發表了《波茨坦宣言》，共同呼籲日本投降，美國空軍更在日本上空投擲警告傳單，表明如果日本不接受投降，將受到最猛烈的攻擊。但是日方根本不予理會。

一九四五年八月六日早上，載著原子彈的美國空軍飛行到日本廣島上方，投下致命的原子彈。瞬間廣島幾乎夷爲平地，它所發散的輻射塵甚至影響了接連數代的日本人民，留下不可磨滅的後遺症。

八月七日，在杜魯門下令投擲原子彈後，美方透過廣播向日本宣示道：「波茨坦條款是拯救日本免於遭受徹底毀滅的最後通牒，而你們卻一再罔顧這樣的警告，日本如果還不接受我們的條件，你們的毀滅將自空中展開。」

但是日本不顧廣島的悲劇，仍然頑強抵抗，於是到了八月九日，美國又在長崎投下第二顆原子彈。這次日本終於舉白旗投降，而第二次世界大戰也隨著這場浩劫落幕。

戰爭是一種非理性的爭鬥，有時爲了取勝而做出非常手段，背後都必須付出極大的代價。

智慧小語

不要漠視危險的警示，以免遭受無法彌補的損失。

「突然地發動戰爭，正是決勝的關鍵。」

——俄國將軍朱可夫

二次大戰中的名將朱可夫，是史達林手下的一員大將。一九三六年，日本為了實現獨霸亞洲的野心，企圖以速戰速決的方式占領哈勒欣河東岸的地區，作為往後的軍事基地。史達林於是派出朱可夫迎戰。

朱可夫為這次的征戰定了一個方向：「突然地發動戰爭，正是決勝的關鍵。」於是他設計了一連串的軍事計畫，一方面秘密訓練軍隊，另一方面發假情報給日方，以誤導日軍的判斷。他並且印製了許多傳單發給士兵，傳單上卻只列出一些「防禦訓練的守則」。這一連串的動作，都讓日軍誤以為俄軍只是在進行防禦性的訓練，不會發動攻擊。

一直到進攻的前三個小時，朱可夫才對軍隊發出命令，比原定計畫提早了足足三天，等日軍發現情勢不對，朱可夫率領的俄軍早已經兵臨城下了。在短短一小時內，日軍毫無反擊的能力，入侵蒙古的日軍第六軍團全數覆滅。此次哈勒欣河一戰，日軍慘遭失敗，只得退出俄國戰場，朱可夫也因此一戰成名。

爲了致勝需要一些計謀，如果你一開始就顯現實力，讓對方看得一清二楚，那對自己絲毫沒有幫助，反而是致命的傷害。好比事件中的朱可夫故意放出許多煙霧彈，正是迷惑對方的絕佳方式，也是擊敗對手的致勝策略。在對方毫無準備以及錯估情勢之時，予以快速而重重的一擊，這樣的出手正能達到最大的功效。

智慧小語

不要等對方準備好了再交手，應該像老鷹一樣，發動迅雷不及掩耳的攻擊。

「小國要征戰大國，必得先使對方疲於奔命。」

——春秋時期吳國大臣伍子胥

伍子胥為春秋時代楚國人，但他後來卻投效吳國，為報家仇而幫忙吳王攻打楚國。

這天，吳王認為時機已經成熟，決定向楚國開戰，但卻受大將軍孫武的勸阻，孫武評估情勢，認為楚國地大物博，兵力豐沛，而吳國只是個小國家，若要和對方對戰，還得再經過五年的準備。

然而，伍子胥卻跟孫武採不同意見。急於復仇的伍子胥非常支持吳王用兵，不過他也明白其中的限制，因此他對吳王說：「雖然我們的兵力不及楚國，但是可以運用『疲兵』之計，先將軍隊分為三批，每次派出一隊去侵擾楚國邊界，一隊攻打完再換另一隊，這樣就能讓楚軍疲於奔命，終至不敵了。」

吳王和其他大將聽完後，都覺得此計可行。於是他們便按照計畫，在不同地點分批攻擊，有些距離更是遠達百里，如此一來，楚軍果然疲於奔命，戰力大大削弱，最後終於被小小的吳國所打敗，證明了伍子胥計謀之高妙。

有時爲了取得勝利，必須先思考謀略，光靠原有的戰力硬碰硬並不能達到最大的效益。善於運用智慧就可以凌駕體力跟能力大於自己的對手，「四兩撥千斤」正是最高的境界。

智慧小語

當正面無法取勝時，不如換個方式跟對策，
先削弱敵人的優勢，再重擊敵人的要害。

「我們已經走投無路了。」

——戰國時期齊國將軍田單

田單是戰國時期齊國的將軍，他用兵出奇制勝，使存亡之際的齊國得以起死回生，最後官拜齊國宰相。

戰國時期，燕惠王出兵齊國，弱小的齊國節節敗退，最後只剩下「墨」和「莒」兩座城池。當時鎮守墨城的將軍田單想出一個對策，他先故意詐降，派使者前往燕國軍營示好，使者說：「我們已經走投無路了，願意投降。」先用這個方法暫停燕軍的攻勢。接著派出墨城裡的富人，帶著金銀財寶去向燕軍請求手下留情。燕軍於是軍心鬆懈，開始在城外紮營，一心等待田單交出城池。

詐降拖延之計奏效後，田單私下募集了五千名壯丁和上千頭水牛，又在水牛身上披掛起五彩紅布。入夜後，田單點燃浸了油脂的牛尾，於是著了火的牛群在前、壯丁在後，一齊衝向齊軍的兵營。

正在睡夢中的燕軍士兵被這些冒著火、瘋狂亂竄的五彩水牛驚醒，嚇得魂飛魄散，加上城牆上頭又傳來城內百姓敲鑼打鼓的喧鬧聲，讓他們誤以爲對方聲勢浩大，燕軍士氣倏然潰散，最後被田單的軍隊打得落花流水。齊軍更乘勝追擊，一舉收復了齊國其它失土，將燕軍徹底趕出齊國。

由此可知，退無可退時，反而能激發出最大的潛力，迫使人放手一搏，這時的爆發力可能會使結果跌破眾人的眼鏡。只要有求勝、求生存的心，永不放棄，最後都能找到解決問題的方法，化危機爲轉機。

智慧小語

最困難的時候，也是最能發揮實力的時機。

「此人奇貨可居也。」

——戰國末年一代商賈呂不韋

秦孝文王時期，孝文王的兒子異人被趙國幽禁為人質。當時的大商人呂不韋評估政治局勢後，發現到：如果能幫助異人登上秦王寶座，那將能獲利千倍，於是對人表示：「此人奇貨可居也。」

呂不韋在異人身上投資了上萬家財，協助異人成為秦王，也就是秦莊襄王，呂不韋也因此成為秦國宰相。由此可見，呂不韋對「奇貨」的投資，確實是獨具慧眼。

如果我們在識人的眼光上，也能像呂不韋一樣銳利，相信對自己的前途也能有莫大的幫助。尤其最近，經常在職場上被廣為討論的「人脈存摺」，說的其實也是同一個概念，人際關係的建立，確實攸關事業上的發展。許多上班族之所以報名一些碩士企管班或是商業俱樂部等，也是為了進一步開拓自己的人脈。

在人生道路上，其實處處充滿著機會，而機會又多半跟「人」離不開關係。有人說：「剛出社會憑實力，三十歲以後靠人脈。」有時只是一個引薦的機會，就能幫你迅速開啓成功之門。除此之外，多接近成功人士，對自己也具有極正面的影響，因爲從強者身上直接學習，絕對可以加速自我的成長。

具有識人的眼光，懂得選擇優秀的人士交往，就像挑選到「奇貨」一般，讓你的人生快速增值。

智慧小語

除了本身實力上的培養，也要懂得人脈上的投資。

「依先生之見呢？」

——漢初大將韓信

韓信是中國著名的軍事家，劉邦手下的一名大將，後被封爲齊王。在劉邦與項羽爭奪天下時，劉邦爲了牽制項羽，命韓信採迂迴政策。韓信在短短四個月就消滅了諸多小國，擊敗趙國，並俘虜了趙國有名的謀士李左軍。

私底下韓信相當景仰李左軍，當知道活捉到他時，還特地前往拜見，親自爲他鬆綁，並請他上座，待如上賓。

李左軍因韓信的態度恭敬，知道他接下來要取燕國，於是獻計道：「將軍連取魏、代、趙等國，士兵們必定已經筋疲力竭，接下來如果繼續攻打燕國，恐怕將士們將力不從心。」

韓信於是請益道：「依先生之見呢？」

李左軍回答道：「將軍一日之內擊潰趙國二十萬大軍，威名遠播，挾此之勢一邊安撫趙國百姓，一面派人出使燕國，向對方分析情勢，目的在使燕國知難而退，不戰而退敵之兵。」

韓信聽後，依李左軍的建議，一方面派兵部署於燕國邊境，另一方面又派使者前去勸降。果然燕軍發現大軍壓境，再加上使者的遊說，相信情勢對己極爲不利，最後眞的不戰而降。

「勢」是最容易讓人不戰而敗的因素，兩個實力相等的軍隊對峙時，要取得勝利就需要一些技巧，古語說：「攻心爲上」，打心理戰正是最佳的戰略。先在對方的心理上製造畏懼感，使對方產生勝利無望的絕望心態，這樣就能取其弱點，讓自己取得優勢。

智慧小語

一個人能不能勝利，心理層面是最大的關鍵，信心不足時，敵人就會輕易地擊潰你。

「太子羽翼已成，大局已定，如今要撤換太子是不可能了。」

——漢高祖劉邦

漢高祖劉邦在奠定基業之前，已經有了家室，夫人呂氏在劉邦稱帝後被尊為「呂后」。然而，漢高祖之後卻獨寵戚夫人，封其子為趙王，甚至有意立之為太子。此事受到眾大臣的阻擾，原因是呂后也有個兒子，就制度而言，呂后之子才是名正言順的太子。

呂后深知高祖的用心，於是私下和張良商議，張良最後找來四位德高望重的學者，共同輔佐太子，並隨侍在側。某天高祖宴請群臣，這四位長者也一併出席，一同向高祖敬酒。漢高祖先一一詢問了他們的大名，發現這四人居然都是他一直想延聘的賢人，如今居然都出現在太子左右。

看到這一幕之後，漢高祖召來戚夫人，對她說：「就連這四位賢者都出來輔佐太子，看來太子羽翼已成，大局已定，如今要撤換太子是不可能了。」

戚夫人聽後放聲大哭。

由此可知，如果我們想做些改變，就應該在事情還未見端倪時，搶先一步，越是混沌未明時，越見機會之所在。所以說，成功者必定具有跑在前頭的創新勇氣，如果要等到別人做出了成績，才去評定、跟進，這時候都太遲了。

同樣地，一個懂得精心謀劃的人，一定也善於安排佈局，只要具有足夠的眼光，加上謹慎的態度，你就能站在最好的位置上，居高臨下。

智慧小語

多充實自我的能力，做好周詳的計畫，等到時機到來，才不會措手不及。

「諸葛亮工作繁重，胃口又不好，恐怕來日無多。」

——三國時期魏國將軍司馬懿

當曹操擔任漢朝的宰相時，他邀請司馬懿出來做官，司馬懿卻看不起曹操，假稱自己患有痲風病，不利於行，拒絕入朝爲官。這番託辭惹惱了曹操，威脅要將他逮捕，司馬懿害怕被殺，只好勉強答應他的要求。

後來曹操攻入漢中，受封爲魏王。他立曹丕爲太子，命司馬懿輔佐太子。司馬懿也深得曹丕的信任和倚重。後來曹操病死，曹丕繼位，任命司馬懿爲撫軍將軍，成爲曹丕的得力助手。魏明帝曹叡即位之後，又任命司馬懿駐守宛城，封舞陽侯。

當時正値諸葛亮第五次北伐，司馬懿深知蜀軍遠道而來，糧草供應是一個大問題，於是決定採取守勢，用時間來拖垮蜀軍。

魏、蜀兩軍對峙了幾個月，某日，諸葛亮派使者送了一套女人的衣服給司馬懿，藉此當眾羞辱他。司馬懿起先非常憤怒，但過了一會兒卻又笑著說：「諸葛亮怎麼把我當成女人了？」

司馬懿一邊殷勤地款待使者，一面親切地詢問諸葛亮的日常作息和工作情況。使者回答說：「丞相一向晚睡，又起得早。他的工作十分繁忙，只要是打二十板以上的懲處，都要親自審批。此外，丞相胃口不太好，食量也大不如前了。」

司馬懿聽了這些描述，心中大喜，送走蜀國使者後，他志得意滿地對將士們說：「諸葛亮工作繁重，胃口又不好，恐怕來日無多。」因此更加堅定了固守耗敵的決心。不久，諸葛亮果然病死，蜀軍不攻自退，司馬懿也輕易取得了勝利。

事實上，司馬懿是贏在攻心之戰，他以胸懷氣度來化解對方的激將法，並把情勢轉爲對自己有利的局面，專心打探對方的軍情。或許在軍事上，諸葛亮稱得上數一數二，但是再強的敵人都會有他脆弱的時候，司馬懿正抓住了這個弱點，終於得以贏得勝利。

在任何的競爭環境中，冷靜永遠是最好的武器，現今職場講究的EQ，指的也是同一概念。只有不受情緒所左右，才能保持清晰的判斷，所擬定的決策跟計謀也才能收效。

智慧小語

一旦被你的對手激怒，你就輸了一半。

「當今英雄，只有你我兩人。」

——東漢末年一代梟雄曹操

黃巾之亂後，劉備與關羽、張飛意氣相投，在桃園三結義。不久，劉備因鎮壓黃巾有功，被任命爲安喜縣尉，但後又被黃巾軍餘部打敗，丟掉了官職。因此，劉備只好投靠公孫瓚，其後又因征戰袁紹有功，被封平原相。

當時曹操東征徐州，劉備前往支援陶謙。陶謙感念劉備的相助，也覺得他的才能過人，就推薦他爲豫州刺史。後來，曹操爲了拉攏劉備共同抵禦袁術，推薦劉備爲鎮東將軍。

另一方面，呂布被曹操擊敗，前來投靠劉備，劉備寬大爲懷，收留了呂布。沒想到當劉備軍與袁術開戰時，呂布竟然叛變，因而徐州失守，劉備不得不前往投靠曹操。

曹操很快地滅了呂布，劉備也隨之來到許都。曹操看得出劉備是一個不可小看的人物，表面上他極力拉攏劉備，但私底下卻對他心存芥蒂。而劉備也不是盞省油的燈，他看出曹操的心思，感到惶恐不安，所以後來乾脆在後花園種菜來逃避一切。

有一天，劉備正在後院澆水，曹操派人請他來喝酒。酒酣之時，曹操忽然問劉備誰可稱得上當今英雄？劉備列舉了袁術、劉表、孫策、張魯等人，曹操卻連連搖頭，最後說：「當今英雄，只有你我兩人！」

聽聞此言，劉備嚇得手一鬆，筷子掉到了地上。幸好此時剛好一陣雷鳴，劉備於是趕緊解釋，稱聲自己是因爲害怕雷聲，筷子才失手掉了，方才擺脫了窘境。

由此可見，劉備不但聰明且反應靈敏，他故意保持低姿態，用被雷聲驚嚇的藉口，一方面解除緊張局面，一方面也故意讓曹操認爲他懦弱，藉此保護自己。

一個人要知所進退，不要強出頭，等待最好的時機才出手；懂得潛藏之道，才能替自己保存更多的實力。

智慧小語

人必須要能因應環境做出適當的調整，懂得察言觀色，才能讓自己立於不敗之地。

「本是同根生，相煎何太急？」

——三國時期魏文帝之弟曹植

三國時期魏王曹操之子曹植是當時有名的詩人。曹操過世後，曹丕繼位，是爲魏文帝。雖然兩人是同父同母的親兄弟，但因爲曹丕嫉妒曹植的文采，且他是曹操在世時最寵愛的兒子，深怕有舊臣擁戴曹植，對他的王位造成威脅，於是不時想找機會除掉曹植。

曹植怎會不知道大哥的心思呢？在曹丕的百般刁難下，他的日子也過得提心吊膽。一天，曹丕故意召曹植前來，語帶挑釁地說：「父王在世時總是稱讚你文采過人，那我倒要證實一下，如果你不能在七步之內做出一首詩的話，就是欺騙世人，我要將你斬首謝罪。」

曹植聽後，無奈地邁開步伐，往前走到第六步時，哀傷地唱出一首非常著名的七步詩：煮豆燃豆萁，豆在釜中泣，本是同根生，相煎何太急？

頓時群臣譁然，曹丕也爲之動容，於是放過了曹植，從此不再找他的麻煩。

人經常會忘了本，當被利益給蒙蔽時，人甚至可以出賣親人、好友，只爲一己之私。如果旁人能適時地點醒他，或懂得經常自省，也就能及時防止鑄成大錯，避免將來懊悔一世。

智慧小語

親情、友情何其重要，一旦否定了這些，那人生也將留下極大的缺憾。

第三篇

▸▸最邪惡的一句話

「德國工人黨不過是跟其他許多組織一樣，沒什麼不同的新組織。」

——德國獨裁者希特勒

希特勒這一位對世界產生巨大影響的人物，早年卻是一名窮困的流浪漢。他想成爲一名藝術家，但天分似乎不允許他有這樣的機會，因此他四處爲家，以打零工爲生。

第一次世界大戰爆發，對希特勒而言，他覺得這是再好不過的表現機會，於是前去從軍，他由傳令兵升到士官長，戰後還擔任陸軍的間諜。

一九一九年，他接到陸軍的命令，要他調查一個自稱「德國工人黨」的小團體，瞭解他們是否爲共產黨徒。希特勒溜進這個黨的會議中，在陰暗的房間裡，氣氛極爲沉悶，希特勒無聊得直想走開。這時卻有個人站起來，建議巴伐利亞脫離德國，和奧地利共同組成德意志國家。這段話引起希特勒強烈的反對，他認爲德國應該建立單一民族主義的國家。

當時他的論調引起這個團體的注意，散會後有人塞給他一張紙條。他起先沒注意看，只是回報上級：「德國工人黨不過是跟其他許多組織一樣，沒什麼不同的新組織。」

後來該工黨邀請他加入黨團，但他卻認爲與其參加這樣的小團體，還不如自己組一個黨。沒想到，他又好奇地去參加第二次會議，從此改變了自己的想法，他運用自己的演說天分，迅速吸收到許多黨員，很快地成爲工人黨的領袖，而這個「德國工人黨」後來更助他順利奪得政權，也是「納粹黨」的前身。

從一名不得志的流浪漢到德國領袖，影響著千千萬萬人的命運，希特勒堪稱傳奇性的人物。如果不是由於當時的時代背景，恐怕他一輩子只能待在社會的最底層。雖然他爲人類帶來一場浩劫，但是對他自己呢？這可能是他當初流浪時所料想不到的吧！

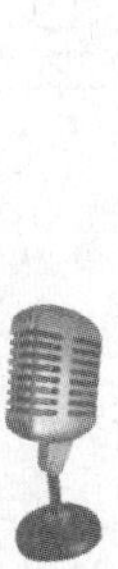

智慧小語

歷史軌道上一個看似微不足道的分叉，可能會帶來前所未見的巨大風暴。

「儘管把他們統統殺光，讓上帝去分辨誰才是祂的子民。」

——教皇英諾特三世

一二〇八年，教皇特使在法國南部的圖盧茲伯爵府中被殺，教皇於是開始討伐阿爾比派，並宣布凡參與討伐的十字軍都不受國家法律約束，他們過去及將來所犯的罪都會得到教會赦免，所欠的債亦不用支付利息。

法國北部的貴族垂涎於南部的財富，於是紛紛加入。接著，十字軍大肆屠殺掠劫法國南部，當他們攻入比塞埃城時，才發現難以區別異己，而隨軍的教皇特使當下便指示說：「儘管把他們統統殺光，讓上帝去分辨誰才是祂的子民。」這暴亂歷經了二十年，使得許多富庶的城市化為廢墟，田園荒廢、經濟瓦解，阿爾比派及法國南部的貴族勢力也被摧毀殆盡。

歷史上每每存在著許多冷酷的爭權奪利者，未達目的不惜犧牲眾人的幸福，他們假藉神的意旨，行一己之私。至今，世界上還有無數恐怖份子，他們宣揚偏激的教義，不斷地在世界各地進行破壞，企圖消滅異己，製造恐怖紛爭，其實這些都脫離了宗教的眞諦，只是用來操縱眾人的手段跟藉口而已。

雖然中國歷史並不似西方文明發展，有著教派之間的衝突，讓有心者從中牟利，但是至今仍不時有小型的假宗教，假藉神靈之名，行詐騙之實。

當然，宗教可以成爲人們精神上的支柱，不過宗教的本意不都是勸人爲善，旨在幫助人們發現自我，由內祈求心靈的寧靜和富有嗎？我們的確都需要信仰，但信仰未必等同於宗教，我們也可以試著聆聽內心的良善或道德觀，一旦跟這些理念背離，即使打著宗教之名，也絕對不是神的意旨，充其量只是邪說而已。

智慧小語

信仰應該是從觀看內心的眞理出發，而不是依附在宗教的形式與執念下。

「上帝要的是整個東方！」

——紅衣主教伯拉糾

教皇英諾特三世善於玩弄權勢，他以「教皇是太陽，國王是月亮，月亮的光輝來自太陽，因此國王也必須經由教皇取得權勢」的口號，迫使英國、丹麥等地向他俯首稱臣。結合了歐洲各國勢力之後，他更野心勃勃地發動第五次十字軍東征，想把「聖地」從埃及人手中奪回。

統領這次十字軍東征的是紅衣主教伯拉糾，他們選定達米埃塔為進攻的第一站，然而這個城市位於尼羅河支流上，有三道城牆抵擋水路的攻擊，此時正好遇到尼羅河的漲潮季節，不僅瘟疫蔓延，攻擊似乎也沒有任何進展。

埃及的國王蘇丹派使者前來求和，向紅衣主教說：「如果您願意撤軍，我們將把耶路撒冷王國送給教皇，並贈送給您一筆可觀的財富。」

伯拉糾乍聽之下有些心動，但是貪婪之心使他想要更多，心想只要打敗埃及，就可以搜刮所有財富。於是念頭一轉，他對埃及使者說：「上帝要的是整個東方！要是蘇丹可以放棄埃及，改信基督，我們就讓和平降臨！」

於是談判破裂，十字軍攻下了達米埃塔，向開羅前進。這時恰好尼羅河暴漲，十字軍受到洪水阻擋，埃及人於是乘機擊敗了伯拉糾。第五次的十字軍東征因此以失敗收場。

總結來看，這次出征原本極有機會大獲全勝，但卻因爲紅衣主教伯拉糾的貪婪，把送到眼前的勝利搞砸了。不但無法收復聖地，還得反過來向埃及求和，最後兩手空空地被趕出埃及。

智慧小語

過度的慾望可能使人身敗名裂，我們要善用慾望來激勵自己上進，卻不可讓慾望控制自己的理智。

「馬可波羅犯了詐欺罪，得服刑四年。」

——羅馬教廷

過去的歐洲嚴格奉行基督教教義，任何有違傳統基督教學說的理論，皆受到羅馬教廷的嚴格禁止，違反者甚至會遭到教廷審判。

一二九八年，當馬可波羅從東方世界遊畢歸來，他回到羅馬，並致力將自己的見聞散播出去，一時引起社會極大的迴響。人們對於他口中神秘的東方世界充滿了幻想與期待，但這卻讓一直以基督教爲世界中心的羅馬教廷感到不安，甚至將馬可波羅關進了監牢。

在教廷的判決書上寫著：「馬可波羅犯了詐欺罪，得服刑四年。」

但是，在監獄中的馬可波羅並不死心，一心想將美好的東方世界傳遞給世人知道，於是和獄友一起撰寫了《馬可波羅遊記》。等他出獄後，《馬可波羅遊記》一書立刻風靡了整個歐洲，就連教廷的禁令也無法抵擋這股風潮。這本著作引起西方世界對東方的嚮往，因此有了後來發現新大陸的創舉，對後來東西方的交流影響甚鉅，就連早期歐洲的世界地圖都是根據這本遊記繪製出來的。

「欲加之罪，何患無辭」，假使不幸遭受有心人士的毀謗，只要堅信自己是對的，就無需懼怕退縮，只要堅持下去，世人終會還給我們一個公道。眞理永存，不會因爲人爲蓄意的破壞或誤導而變質，任何權力的壓制都抵擋不了人們追求眞相的腳步。

智慧小語

不要因爲不實的指控，而喪失追求夢想的決心，眞理越辯越明，守得雲開必得見明月。

「美洲所有的反抗活動都是非法的。」

——英皇愛德華六世

一九七五年美國打響獨立戰爭的序曲，當時英皇愛德華六世立刻對外宣布：「美洲所有的反抗活動都是非法的，那裡的人都是需要被鎮壓的暴民，我寧可丟掉王冠也不會放棄戰爭。」

於是英國派遣了五萬士兵前往北美鎮壓反抗軍。當時反抗軍由華盛頓率領，英勇對抗英軍統導的海陸軍，以北美爲主要戰場。華盛頓得到法國的支持，截斷了英國強大海軍的支援，最後在聯軍的包圍下，英軍不得不宣布投降。一七八二年，英美簽署《巴黎合約》，合約中承認了美國的獨立地位。

眞理勝過一切，任何人若想扭曲眞實，最後終會自取滅亡。只有順勢而爲，接受事實並且承認它，才是最明智的做法。

爲達目的不擇手段，甚至編派謊言，企圖引起別人的共鳴，最後都將被識破，這個眞理總是可以從生活中或工作上獲得證實。舉例來說，有些人爲了受到主管重視，不斷吹捧自己的業績，或是把別人的功勞占爲己有，這種人非但會令同事厭惡，得不到人緣，而且牛皮總有吹破的一天，當臨時被委以重任時，就會破綻百出了。

以謊言來支持自己的立場是最愚笨的行爲，人應該面對事實做出正確的應對，即使有所損失，也比事後被揭穿時的難堪要好。

智慧小語

虛僞造假非但不能順利達到目的，還會遭到眾人的唾棄。

「我寧可留一個貧窮的尼德蘭給上帝，也不留一個富裕的尼德蘭給魔鬼。」

——西班牙阿爾瓦公爵

十六世紀末期，為了鎮壓尼德蘭（荷蘭）的叛亂，西班牙國王腓力二世召見阿爾瓦公爵，對他說道：「現任總督沒有足夠的勇氣和力量來平息『乞丐』的叛亂，因此我希望你能取代總督，維持尼德蘭的安定。」

阿爾瓦公爵回道：「我非常榮幸，只要陛下交給我足夠的兵力。」國王允諾提供兵力，並說：「所有『乞丐』的肉體都應該被消滅。」對於腓力二世這項要求，阿爾瓦公爵百分之百同意，他回答說：「我明白，陛下，我寧可留一個貧窮的尼德蘭給上帝，也不留一個富裕的尼德蘭給魔鬼。」

阿爾瓦公爵於是設立了名為「除暴委員會」的機構，開始殘酷的殺戮。八千多人被判死刑，包括一些資產階級首領以及市長。在一片鎮壓聲中，尼德蘭人死的死、逃的逃。轉往海上的難民組織了「海上丐幫」，逃往南方的人則成立「森林丐幫」，專打游擊戰，這兩組人馬不斷挑戰阿爾瓦公爵的軍隊，讓他疲於奔命，最後阿爾瓦公爵被腓力二世以「鎮暴不力」的罪名去職。

新的總督上任，卻發不出軍餉，軍隊中暴動四起，衝進南部城鎮殺了幾千名居民，激起尼德蘭人更大的憤怒。兩年後，腓力二世被罷黜，尼德蘭成立共和國。西班牙因與英國之間的海戰而大傷元氣，再也無力對付這新成立的政府，最後只好正式承認荷蘭共和國的獨立地位。

人最難以阻擋的，就是來自內心的渴望，以及追求幸福跟自由的決心，歷史上許多戰爭都因此而起，假如想以專制的手法控制他人，最後必定嚐到苦果。這個眞理放在現代社會中也很容易獲得印證，舉例來說，想成爲一名稱職的上司，就應該讓下屬有發揮的空間，尊重個人的想法，否則最後不但無法順利完成工作，還可能失去良才。

智慧小語

若用壓榨跟控制的伎倆去威脅他人，最後必收到強烈的反抗。

「革命就是群衆盛大的節日。」

——蘇聯共產黨領導人列寧

法國大革命時，信奉激進共和主義的雅各賓派主導政權，開啓了一段恐怖統治時期，這也是西方歷史上第一次由國家政權改造人性的例子。雅各賓政權雖只維持了幾個月，但他們帶給後來的共產黨人極大的啓發。列寧十分欣賞雅各賓派利用節慶煽動和愚弄群眾的手法，他發表感想說：「革命就是群眾盛大的節日。」

這話說來諷刺，因爲當社會共產主義革命成功之後，這個列寧口中「盛大的節日」也成了最後的快樂時光，當慶典結束之後，也是人民無窮苦難的開始，或許將它解釋成「樂極生悲」還比較適當。共產主義爲人民畫出大餅，讓人們深信一切將苦盡甘來，卻不知等在後頭的是更大的「火坑」。

世上大部分具有心機、善於設計圈套的人，其實用的多半也是這一套：先給你一個美夢，利用人的貪念來達成他的目的。事實上，世上沒有不勞而獲的事情，也不可能有人毫無理由幫你圓夢，這之間一定得付出代價，端看你要自己辛勤打拚呢？還是落入

「金光黨」的手中，讓自己更加悽慘。

想改變現狀，靠自己是最實在的，雖然得付出心血與時間，但心底的感覺才是最踏實的。輕信別人的虛幻承諾只是飲鴆止渴，還是自己比較牢靠。

智慧小語

逐夢踏實，別人在你面前說得越動聽時，你就得越謹慎。

「不准吃餵鳥的食物。」

——古巴蘇哈托當政時期公園中的警告標語

早年中南美洲國家中，與美國相鄰又最具威脅性的就屬古巴。由於古巴政權的紛擾，數度落入共產主義手中，甚至引起飛彈危機等等，都讓當時的美國頭疼不已。等到極權主義者蘇哈托上台時，更將兩國緊張的關係提升到頂點。

蘇哈托當權，不僅美國倒楣，連帶古巴人民也變得極爲窮困。這一點從當時公園裡的警示標語可以看出端倪，在蘇哈托執政前，公園的警示標語是：「不准餵食公園裡的鳥」；到了蘇哈托執政初期，警示牌改爲：「不准吃餵鳥的食物」；又過了一段時間後，告示牌卻改成：「不准吃公園裡的鳥類」。用這個例子來形容人民生活的每下愈況，算是十分貼切而諷刺。

當面臨一個貪腐無能的政府時，人民的苦難就無窮無盡了。財富集中在少數人手中，大多數人被壓在社會最底端而難以翻身，政客又利用各種強制手段，吸乾、挖空國庫，即使在民主聲浪高漲的時代，還是不時有此類現象發生。身爲一個國家的公民，無奈之餘，怎能不擦亮眼睛，看清那些政客的嘴臉，避免掉入被坑殺的陷阱中呢？

智慧小語

要維護社會的進步，就得辨明「政客」跟「政治家」的分別。

「我們正在打一場共產無神論者與基督教徒之間最終、全面的戰爭。」

——美國參議員約瑟夫・麥卡錫

這是美國參議員約瑟夫・麥卡錫於一九五〇年二月間在俄亥俄州共和黨婦女會的演說詞，此演說展開了美國四〇年代末期到五〇年代初的白色恐怖（俗稱麥卡錫時代）。這時期因共產議題被牽連入獄者不計其數，其中甚至有人因政治鬥爭的因素而被誣陷，造成舉國恐慌跟無數冤獄。

麥卡錫假藉基督教之名，製造「邪惡共產無神論者」的形象，他提出的不是「共產主義對資本主義」、「專制對民主」或「美國對蘇聯」等具體訴求，只是作為肅清敵人的手段而已。

美國向來提倡的民主自由，此時儼然成為一種專制獨裁，而這段歷史也成為後來美國人民引以為恥的過去。還記得勞勃狄尼洛主演過一部以此時代背景為主題的電影，片中他飾演一名導演，因為被冠上「共產份子」這個罪名，毫無申冤的機會，最終毀掉他一生的努力。這部片也說明了美國當時的恐怖情勢：有心人只要握有權勢，就可以假藉各種理由對付政敵，甚至推行一種風潮或法規來箝制對方，任意冠上各種莫須有的罪名。

其實最大的惡行不就是來自這些居心不良的政客嗎？他們操弄媒體，愚弄人民，激起群眾的激憤，對眞相視若無睹。即使因此牽連了許無辜者，造成一連串不幸，也絲毫不爲那些自私自利者所在乎。

以愚弄群眾的方法來打擊對手，雖然是最快、最有效的方式，但也是最令人不恥的，假使我們每個人都能培養獨立思考的能力，不隨有心者起舞，這樣的事情就不會發生了，同時也可以避免不少的悲劇。

智慧小語

利用群眾來打擊敵人，是最不光榮且令人唾棄的舉止。

「放空！放空股票！我們與土耳其的戰爭即將展開。」

——南斯拉夫國王尼基塔

巴爾幹半島戰爭是點燃第一次世界大戰的開端，這裡潛藏著國王的貪心，跟利益糾葛的情節。大概很多人都不敢相信，這可能不過是因為一位想發戰爭財的國王，企圖引起的戰爭吧！這位南斯拉夫國王尼基塔據傳是位利欲薰心的當權者，為了挽救日益耗竭的國庫，他竟然想要發起戰爭，好讓他憑藉放空股票而大賺一筆。

巴爾幹半島上各種宗教、種族、民族雜處，南斯拉夫正是其中之一。一九一二年，該地區四個天主教國家——希臘、塞爾維亞、保加利亞跟南斯拉夫，協議聯手對付信仰不同宗教的土耳其，戰爭眼看一觸即發。

雖然戰事後來被俄國和法國阻擋，尼基塔國王的如意算盤破局，但和平終究撐不過一九一四年。當年八月，這位南斯拉夫國王不理會與俄法之間的協定，依舊向土耳其射出第一枚砲彈，正式向土耳其宣戰，隨之，巴爾幹半島上多數的盟約國家也共同參戰，開啓了第一次世界大戰的浩劫。

許多歷史事件的背後，其實都潛藏著巨大的利益，為了少數人的貪念，竟然得犧牲無數人民的性命，更造成難以收拾的後果，使得整個社會甚至世界都因此蒙受巨大的損傷，這類的歷史教訓實在令人感到十分地痛心跟遺憾啊！

智慧小語

自私自利者，小則損傷周圍的人，大則可能牽連全世界人類的命運。

「我不是騙子，那不是我做的。」

——美國總統尼克森

震驚全美的水門案揭穿了總統尼克森的謊言，儘管他過去成就了不少可佩的政績，終因說謊一事而下台。尼克森的從政路上，所扯的謊幾乎都被掩飾過去，但偏偏這件事被記者挖出來。尼克森爲了連任而不擇手段，派人竊取對手機密的行爲，最後讓他百口莫辯，黯然下台。

尼克森連任一九六八及一九七二年兩屆美國總統，而「水門案」則起始於尼克森第二次尋求連任時，當時有五名幹員深夜潛入民主黨位於水門的團總部，這群竊賊被警察逮到，經過調查後證明皆爲共和黨員，雖然沒有直接證據證明尼克森是幕後的指使者，但一卷關鍵的錄音帶卻證實了一切——這次的行動確實是在尼克森的默許下進行。

儘管尼克森曾矢口否認說：「我不是騙子，那不是我做的。」但間接證據已經足夠，在美國社會對領袖的高道德標準下，他的證詞更讓人民無法接受這樣一個說謊的總統。

其實尼克森犯下最大的錯誤，是在所有矛頭都指向他時，還死不認錯，他昧著良心希望能夠換得民眾的信任，這種行爲卻得到更大的反效果，不僅讓他失去寶貴的總統寶座，也讓他成爲美國政治史上的笑柄。

我們都應該知道何時該停止，何時該勇敢面對自己的錯誤，假如盲目地捏造更多謊言，往後即使對天發誓，都不會有人願意相信。

智慧小語

承認錯誤才是負責任的行爲，一昧地找藉口掩飾，只會加深自己的罪行。

「我要讓法國的血流乾！」

——第一次世界大戰德軍將領法金漢

一九一六年，當凡爾登要塞的大砲被卸下時，德軍卻開始摩拳擦掌地籌備代號爲「處決地」的行動，德國打算對凡爾登進行大規模的攻擊，由德軍參謀總長法金漢領導，目的是將法國在該地投入的兵力全部殲滅，迫使法軍投降。

德將法金漢甚至大膽宣示說：「我要讓法國的血流乾！」

但是這個凡爾登要塞的進攻行動，卻被當時法國陸軍總司令侯飛將軍所輕視，當情報傳到他手上時，他還嗤之以鼻地說：「加強凡爾登的防守？眞是一派胡言！」

侯飛找來了法軍參謀總長，自信滿滿地對他說：「德國人曾經打到距離巴黎僅十五公里的地方，最後還不是被我們擊退了。」

參謀總長回答說：「但是凡爾登的大砲已經卸除大半，如今剩下不到三百枚了。若是凡爾登失守，將重挫我軍士氣。」

侯飛將軍聽了參謀總長的分析，回答道：「但是我最感興趣的還是眼前的索姆河戰役，只要這場仗打贏了，凡爾登的危機自然解除。」

然而，事情卻完全出乎法軍意料，當德軍猛烈的砲火開始進攻凡爾登時，俠飛將軍還在睡夢中呢！等他體認到情況的危急後，法軍司令部立刻任命貝登爲凡爾登總司令，對德軍展開反擊，並調來九萬名援軍和兩萬多噸軍火，在凡爾登進行七天不眠不休的攻防。德法雙方激戰將近一年，法軍最後反擊成功，奪回大部分失地，但是這場戰役血流成河，傷亡人數高達七十多萬人，史上稱之爲「凡爾登絞肉機」。而這場戰役不只應驗了法金漢「讓法國的血流乾」的預言，就連德軍也是血流成河。

智慧小語

當你想占對方便宜時，自己也會因此付出代價。

「不應該摸他們的腦袋，應該用敲的，狠狠地敲。」

——蘇聯共產黨領導人列寧

列寧對人性經常有令人不寒而慄的想法，有一次，他十分賞識的社會主義作家高爾基對他說：「每次聽到動人的音樂時，我就會情不自禁地想：人類的腦袋竟然能夠創造出這麼美妙的東西。這時我就會忍不住想伸手去摸人們的腦袋。」列寧聽了卻回答說：「要是摸了，你的手會被咬掉。不應該摸他們的腦袋，應該用敲的，狠狠地敲。」

不懂品味者往往受到外在形象、地位或權力的影響，賦予對方過度的評價，而忘了人本身眞正的價值。尤其在這個物質掛帥的時代，很多人不再從內心出發，面對具有智慧或才華的人，有時只因爲對方尚未成名，而全盤否定此人的價值。

善用自己的腦力可以創造出令人驚訝的無窮價值。即使在社會主義這種否定人性的制度下，東歐跟俄國各地仍瀰漫著一股藝術風氣。越是處於被壓抑的環境，越需要在藝術中尋求抒發，這是可以理解的。極權的統治令人不寒而慄，但是人依然能在思想的世界中找到自由，發現出口。

因此，即使生活壓力無所不在，我們是否也能想想：如何運用自己的智慧，替自己解圍，突破瓶頸，尋找出不一樣的人生。人的潛力既然無窮，我們就不應該被目前的困境所限制住了。

智慧小語

希望與絕望的差別，就在你有沒有去動動腦、激發潛能，只要嘗試了，就會有不同的未來。

「革命就是改變人的心理。」

——蘇聯政治思想家布哈林

原本的這句話是有跡可尋的，不管要推翻什麼樣的政權，隨著政治的落幕，人們勢必得改變生活模式。然而，沒有人知道未來會是更好或更壞。

共產主義就是善於運用這套玩弄群眾心理的伎倆。在過去階級社會中，財富掌握在少數人手裡，佃農們拚命工作一輩子都餵不飽全家人的肚子，於是社會主義乘機興起，給人民翻身的希望。他們用革命作爲號召，企圖以顛覆來達到目的，讓過去認命的人相信這是千載難逢的機會，進而傾力支持革命。

當然結局是推翻了壓榨他們的貴族或富人階級，但換來的卻是一個更專制的體制，而不是人民想像中的解脫與富足。沒有人會隨便把拚命掙來的「利益」放到別人口袋，就算是當初一起合作的夥伴，隨著任務圓滿達成後，原本所謂的「合作團隊」不過是被利用完後隨手丟棄的垃圾——而這就是共產主義政客的「把戲」。

眞正的革命，其實是爲了追求一個理念，爲正義跟理想，即使犧牲性命也再所不惜，那才是革命的眞諦，而不是如同共產主義所說的——「給人民洗腦」，這條路最後只會是空歡喜一場。

智慧小語

歷史上有許多意在奪權的「革命家」，他們總是能想出一些天花亂墜的話來吸引群眾，其實只是場不可能實現的騙局。

「我始終認為自己無罪，只不過在威權面前不得不屈服。」

——日本首相東條英機

東條英機是第二次世界大戰後國際的首要戰犯，因爲他發動戰爭大舉侵略中國，同時挑起了太平洋戰爭。當日本天皇宣布無條件投降時，他原本也想和其他大臣一樣切腹自殺，但這時他卻收到一封陸軍大臣的信，信中提到國際軍事法庭即將開審，希望東條英機不要自殺，否則就失去替天皇辯護的機會了。不久，美國士兵來到他的住所，東條英機企圖開槍自盡，最後還是被搶救回來。

當他被送上遠東軍事法庭時，還堅決不認罪，辯稱日本只是「自衛性地發動戰爭」、「天皇對戰爭沒有責任」等等。軍事法庭最後仍判處他死刑，但他卻只是輕鬆鎮定地點點頭回應說：「好，我知道了。」

後來在他的遺書中，東條寫道：「想起開戰時的情景，實在令人悲痛。被判死刑對我正是種解脫。雖然成爲國際戰犯，但我始終認爲自己無罪，只不過在威權面前不得不屈服。」至死依然不認罪的東條，爲自己與日本的行爲辯護到最後一口氣。

行爲脫軌的人經常會爲自己找許多理由，其實只要明白人性中的自私，也就不覺得有什麼好驚訝了。

智慧小語

若是跟自私自利的人作朋友，小心被剝了一層皮，對方還認爲是你活該！

「在阿富汗的要求下，蘇聯願意出兵協助阿富汗穩定政局。」

——蘇聯政府

阿富汗位居中亞的心臟地帶，對蘇聯來說是南方非常重要的戰區，只要控制了阿富汗，就可以直達印度洋的出海口，並切斷歐洲與亞洲的聯繫，因而在五〇年代，蘇俄一直處心積慮要占領這個國家。

蘇聯先透過經濟和軍事合作，控制住阿富汗的動脈。一九七八年，蘇聯和阿富汗簽訂友好互助條約，其實就已經開始間接以軍事控制對方了。但是由於阿富汗的政局不穩，新的領導人經常會違背蘇聯政府的意見，爲了永除後患，全面掌控住這個國家，蘇聯於是計畫入侵阿富汗。它提出的藉口是：「在阿富汗的要求下，蘇聯願意出兵協助阿富汗穩定政局。」

一九七九年十二月，蘇聯軍隊兵分兩路，從陸空兩方入侵阿富汗，很快地在次年一月占領了大部分的重要城鎮。不過，阿富汗也並非好欺負的國家，民間立刻組織了游擊隊，對蘇聯進行反擊，並向國際發聲，控訴蘇聯併呑的惡行。蘇聯對外受到國際間的撻伐，在阿富汗境內又遭到游擊隊的頑強抵抗，最後只得落荒而逃，撤離阿富汗，並且在國際間留下「欺凌弱小」的醜惡形象。

由此可知，若是爲滿足一己之私，不顧他人的死活，任其理由再冠冕堂皇，最後還是會自取其辱。再怎麼巧妙地掩飾，終將會事跡敗露，遭受到別人的攻擊。

假如想要達到自己的目的，強取豪奪不是唯一的辦法，只有用合作的態度，與對方達成協議，才是長久之計。除了主張自己的利益外，也須顧及對方的感受，在雙方之間取得共識，才是根本的解決之道，大到國與國之間，或小至個人的工作上，都是一樣的道理。

智慧小語

任何惡行，即使有再冠冕堂皇的理由，最後還是難逃被揭穿的命運，只會讓自己顏面掃地。

「科威特是伊拉克的一個省。」

——伊拉克總統海珊

伊拉克的前總統海珊是個生性好鬥者，在兩伊戰爭時自稱是「巴比倫的戰神」，一心想吞併富足的科威特，回到巴比倫時代的風光。一九九〇年八月二日，他對科威特發動戰爭，並宣稱：「科威特是伊拉克的一個省。」

海珊此舉引起國際間一陣撻伐，聯手譴責伊拉克的侵略行為，聯合國安理會開始對伊拉克進行經濟制裁，歐美以及阿拉伯國家組成的多國部隊也派兵進軍伊拉克，發動波斯灣戰爭，很快地，在隔年一月將伊拉克逐出科威特。

伊拉克總統海珊異想天開地跟全世界作對，最後不僅勞民傷財，也破壞了與鄰近阿拉伯國家的邦交，自己也因而下台，可謂十分地不智。

世界有著一定的公理跟規範，是不容挑戰的，若是以為可以任性而為，視公理為無物，最後必得為此付出巨大的代價。

這社會上存在著許多我行我素的人，他們替自己建立一套跟別人不同的遊戲規則，如果這套規則不妨礙他人則無妨，但許多卻是排他利己的自利心態，這就變成了罪犯，成爲人人唾棄的對象了。

沒有人可以永遠活在自己的世界裡，絲毫不顧他人的感受，一味一意孤行的結果，不管是在工作上或是生活中，終將被他人排斥，失去所有。

智慧小語

生活中不免需要遵照一定的標準來行事，若是盲目關在自己的小世界中，最後就會陷入孤立無援的地步。

「一定是她撞到我的刀子了。」

——紐約卻爾西旅館命案兇手席德

歷史上最可笑的辯詞當屬卻爾西旅館的殺人事件。著名的卻爾西飯店位於紐約，以藝文家的聚集地而聞名。一九八六年，一位名叫南西的女子在飯店房內身中十六刀，當場身亡，而兇手竟然是她的樂團男友席德，這件命案喧騰一時。當警察逮捕席德時，有著嚴重吸毒前科的他喃喃說著：「一定是她撞到我的刀子了。」

如此荒唐的脫罪之詞，叫人覺得可笑又不可思議，驚訝怎麼會有人睜眼說瞎話到此種程度。但是，對一個泯滅良心的人來說，他卻可以硬扯出連三歲小孩都不相信的話。

中國古代的歷史故事中，也有臣子上奏「百姓沒有飯吃」，皇帝卻天眞地回以「爲什麼不吃肉？」的荒唐對答。如果你覺得這是個笑話的話，回頭看一下，類似這樣的狡辯，不也經常充斥在社會的許多場合中嗎？當是非公理不分時，就會出現許多明明是錯的，卻硬被辯成有理的情況，尤其占據著社會頂層的當權者，更經常漫天說出冠冕堂皇的言詞，藉以掩飾罪行。

判斷是非不需要深厚的學識，也不需要具有財富，而是摸著我們的良心，就可以輕易判斷眞僞。每個人只要正視內心的聲音，就能避免被煽動的言詞所誤導，被矯情的面容所欺騙。當所有人都能夠唾棄有心人扭曲是非的言行，站在「理」字這一邊時，自然就能形成一種力量，將罪惡排擠在我們的生活之外。

智慧小語

雖然是非顯而易見，但是許多好搬弄是非者，依然試圖希望闖關成功。

「艾菲爾鐵塔要拍賣，共有七千噸鋼材，這可是難得的大生意！」

——偽法國公共建設部官員呂斯蒂

一九二五年，一位名叫維克多．呂斯蒂的騙徒，透過朋友的幫助，偽造了一份巴黎市政廳的公文箋，以國家公共建設部高級官員的職銜向巴黎建商發出信函，邀請建商們共同商討艾菲爾鐵塔拍賣事宜。

在一間隱密的旅館房間內，他向與會的五位巴黎商人解釋拆除艾菲爾鐵塔的理由，原來老舊的艾菲爾鐵塔需要定期維修，但當局無法負擔這筆維修費，因此想拍賣掉建築本身的七千噸鋼材，而他們正是被請來下標的廠商。

消息一出，立刻激起巴黎市民的騷動，更引起調查局的關切，進而展開行動。數天後，其中一家建商被通知贏得這份標案。然而，建商支票兌現當天，呂斯蒂也隨之消失無蹤，可想而知，此刻他和其他共犯正悠哉地在高級旅館中仰首竊笑。這一場艾菲爾鐵塔騙局，堪稱史上最荒唐的詐騙手法，不但讓全巴黎民眾嚇出一身冷汗，也使警方疲於奔命，最後證明不過是虛驚一場。

人有時候很奇怪，會去相信一些根本不可能的事情；如果不是詐騙者太善於巧言令色，那就是人的慾望淹沒了理性。

好比社會上經常發生的金光黨詐騙事件，受害者竟然眞的會相信那些天上掉下來的財富，如果冷靜想想，誰會平白無故把錢送到你眼前？或是莫名其妙將你的資料拿去抽獎？甚至用金條跟你換少許的現金？假如眞有這麼好的事情，恐怕他們自己都先搶著要了，哪裡還輪得到別人呢？

因此，面對諸多誘惑和陷阱，務必要控制住貪念，才能保持住理性，也不會任意爲他人玩弄於手掌了。

智慧小語

那些不可思議的事情，本來就有詐，太不合情理的事情，只要用頭腦加以分析，誰都可以戳破其中的漏洞。

「我跟那女人不曾發生性關係，未來也不可能。」

——美國總統柯林頓

美國前總統柯林頓在經濟上的政績廣爲人所稱道，但在他任職的一九九七年間，卻意外爆發與白宮實習生莫妮卡的性醜聞，在媒體的瘋狂追逐下，柯林頓剛開始還一派輕鬆地表態說：「我跟那女人不曾發生性關係，未來也不可能。」連第一夫人希拉蕊也出面表示支持丈夫的清白，夫妻倆人多次出席公眾場合，展現出幸福家庭的形象，讓這件事看似反對黨製造出來的謠言。

沒想到這件事卻未因此而平息，當事人莫妮卡公開出示了證據，證明柯林頓的確有做「那檔事」，引起社會大眾的一片譁然。美國司法部甚至因此成立獨立調查會開庭審理，請總統當面向陪審團解釋，終於證明了此一事件。

性醜聞事件雖然大大打擊了柯林頓的政治聲譽，但事過境遷後，柯林頓對美國經濟的貢獻依然得到人民的尊敬，至於這件醜聞也就顯得微不足道了。

其實整個事件本來不過是柯林頓總統生涯的一段小插曲，只是提供人們茶餘飯後的八卦話題，好比甘迺迪的花邊新聞也不足以影響人民對他的愛戴。然而，柯林頓在這件事中最大的敗筆，卻是犯了美國人的大忌——說謊，以正直、誠實爲道德標準的美國人民最討厭說謊，尤其是政治人物，這也是爲什麼事件最後會演變得不可收拾，甚至牽涉到司法審判等等。

其實不只政治人物，就連一般小老百姓也鄙視說謊的行爲。但是講謊話的人卻偏偏在第一次被抓包時，都會試圖掩飾，少有主動坦誠的人，一直要到紙包不住火，事態演變得十分嚴重時，才願意面對。如果我們都能對謊言有正確的認知，明白謊言遲早都會被揭穿的道理，那就不會落得必須用更多謊言來圓謊的悽慘下場了。

智慧小語

提早承認錯誤，就能將傷害減到最低。

「這是一匹好馬。」

——秦末宦官趙高

秦朝胡亥二世時，趙高是眞正延攬大權者，胡亥二世表面爲皇帝，實際上卻不過是趙高扶持的傀儡。

有一回，屬下通報說章邯被項羽打敗，六國的軍隊都聯合起來準備攻秦。當時皇帝還不知道這件事，驕傲自大的趙高想趁此測試一下自己在朝廷中的地位，於是藉口替皇上找了匹好馬，但卻故意叫屬下牽來一頭鹿。

趙高恭喜皇帝得到一匹良駒，可是胡亥怎麼看都覺得眼前的是鹿啊！於是胡亥問了其他臣子說：「這是馬嗎？」

臣子們大多畏懼趙高的勢力，只好回答說：「沒錯，是匹馬。」然而，也有少數臣子鼓起勇氣講眞話，但這些說眞話的人後來都被趙高殺害了。

這是一個中國經典的歷史故事，逢迎拍馬的事情在史書中到處可見，只要是握有權力者，身邊就越多虛假的聲音，若以被拍馬屁的次數來衡量自己的權力高低，恐怕也不爲過。

其實權力不是件好事，有時反而會讓我們看不清眞相，因爲別人都礙於威勢，做盡表面功夫，更說一些言不由衷的話語，目的在爲自己爭取好處。在上位者若是能聽到一些逆耳忠言，其實應該額手稱慶，因爲敢於跟權力挑戰的人才是誠實正直的員工或朋友。

切莫因爲被奉承而沾沾自喜，蜜糖一般的言行有時是一種毒藥。當我們享受著高高在上的尊榮時，同時也該記得自己肩負著更大的責任。不爲所欲爲，培養聽取良言勸告的雅量，才能眞正贏得別人的尊重。

智慧小語

這社會有太多「指鹿爲馬」的事情，處於高位者可要擦亮眼睛。

「寧可我負天下人，不可天下人負我！」

——東漢末年一代梟雄曹操

東漢末年，靈帝病故，年僅十四歲的少帝即位，由何太后臨朝聽政。何進於是與袁紹計劃誅滅宦官，卻爲太后反對，袁紹於是召請董卓進京，以此脅迫太后。

曹操認爲殺宦官一事不需要引兵進京，但何進卻不聽曹操勸告，結果消息走漏，宦官先發制人，暗殺了何進。董卓趁勢領兵進入洛陽，廢掉少帝，另立劉協爲獻帝。

事發後，袁紹、袁術都不想與董卓同流合汙，因此逃離京師，董卓爲拉攏曹操，任命曹操爲驍騎校尉。但是曹操痛恨董卓暴行，沒多久就逃出了洛陽。

董卓派人前去捉拿曹操。曹操躲在父親好友呂氏家中。到了晚上，曹操聽到磨刀聲，以爲呂家的人要殺他，於是先動手殺光了呂氏一家。事後，才發現呂家原來是要殺豬宴請他，於是他仰天長嘆一聲，說道：「寧可我負天下人，不可天下人負我！」

後來曹操得到大財主的支援，招募了士兵，預備討伐董卓，一些有志之士紛紛前來投奔。一年之後，呂布和董卓內訌相殘，曹操趁機進駐洛陽，護送漢獻帝東遷許縣，展開「挾天子以令諸侯」的局勢，此後在政治上確立穩固地位。

在歷史上，曹操是所謂的梟雄，他與劉備對比分明，一個是惡、一個是善，雖然兩人的實力相當，都是非常傑出的人才，但是曹操的作為卻惹人非議，無法得到人心，注定曹氏政權日後的失敗。

智慧小語

即使擁有再優秀的智慧，若沒有良好的品德，終將無法開創成功的人生。

「我沒有謀害皇上的意思。」

——曹魏宰相司馬昭

司馬昭爲曹魏的宰相，手握曹魏大權，擁立年幼的曹髦爲帝。隨著小皇帝的長大，曹髦日漸對司馬昭心生不滿，並深怕有天會被司馬昭所殺，於是聯合其他將卿，勤練軍隊，打算討伐司馬昭，將他逼退。

魏甘露五年，將領王經、王沈等人謁見曹髦，曹髦心有所感地說：「司馬昭之心，路人皆知，我不能等著被他罷黜，不如先下手爲強。」

沒想到王經等人卻將這個消息告訴了司馬昭，於是司馬昭找來賈充、成濟等人，趁曹髦前來相府時，指使成濟殺了他。

事發之後，司馬昭也趕到了現場，看著倒在血泊之中的曹髦，司馬昭假意哭喪著臉說：「我沒有謀害皇上的意思。」待皇帝斃命後，司馬昭召來文武百官，痛斥成濟弒主的惡行，要誅滅成濟一族，成濟聽了非常生氣，明白自己被司馬昭利用了。於是他逃到屋頂上，在被弓箭手射殺之前，一路大喊著：「是司馬昭要我幹的！是司馬昭要我幹的！」司馬昭的惡名也因此傳揚開來，在歷史上落得僭主的臭名。

「司馬昭之心，路人皆知」這句話最常被引用在我們的日常生活中，警惕那些居心不良者，若想利用方法掩人耳目，終究還是會被識破，淪爲他人的笑柄。

俗語說：「若要人不知，除非己莫爲。」做了壞事後，若是以爲可以掩蓋得天衣無縫，或者認爲只要把責任推給別人就沒事了，只怕最後會讓人更加羞愧不堪，因爲眞相終將會隨時間跟機會浮出檯面。

智慧小語

害人之心不可有，防人之心不可無。

「李牧連匈奴都能擊退，如今卻無法降秦，恐怕有反意。」

——戰國時期趙國佞臣郭開

秦國在統治天下前，派兵四處征戰，一場與趙國的戰爭卻拖了一年之久。原因在於趙國有名將李牧，因此秦國將軍王翦始終無法越雷池一步。秦王眼見戰事如此拖延下去，對秦國是個折損，於是設下計謀，想運用離間計來對付李牧。

秦國命令潛伏在趙國的間諜王敖策劃，王敖先請王翦寫了一封和談信，信函發出之後卻遲遲不訂和約，只讓兩方使者不斷往來。接著又以金銀珠寶賣通趙國佞臣郭開，利用他向趙王進讒言，郭開對趙王說：「李牧連匈奴都能擊退，如今卻無法降秦，恐怕有反意，表面上與秦軍打仗，私底下卻偷偷與秦軍議和。」

郭開這一席話，加上李牧與王翦間密切的書信往來，令趙王信以爲眞，於是將李牧斬首，改命趙蔥爲將軍。而秦國一接獲李牧的死訊，立刻大舉入侵，快速地消滅了趙國。

光憑一些捕風捉影的耳語就改變自己的想法，將會造成極大的損失。事實上，每個人的成敗，都只能由自己承擔責任，因此明辨是非，具有獨立的判斷和思考能力，才是保護自己最好的方式。

智慧小語

對敵人讓步就是給自己找麻煩，敵方態度的轉變，可能只是個小手段，藉以博取喘息的空間，切莫因心軟或同情而中計。

「念在過去的交情，讓我們和平罷兵吧！」

——戰國時期秦國大將公孫鞅

戰國時期，秦國為了對外擴張領土，命公孫鞅拿下地勢險要的崤山一帶，而這個地方正好是魏國的領土。

出兵後，公孫鞅一路攻到吳城城下，然而，吳城是魏國大將吳起苦心經營之地，防禦堅固，正面進攻難以成功，公孫鞅只得苦思攻城之計。恰巧得悉當時守城的公子行與他曾有交情，於是公孫鞅立刻寫信向公子行表示友好，信中並提及往日的情誼，認為既然兩人曾有交情，不如促成兩國和談，使兩方和平退兵。

信件發出後，公孫鞅立刻撤回前防的部隊，藉此表示善意。公子行見公孫鞅誠意十足，因此接受和談之約，只帶了三百名士兵前往會談地點。

到了約定的和談地點後，公子行發現公孫鞅帶的隨從更少，不由得更深信對方的誠意，兩人把酒言歡，重敘舊日的情誼。然而，沒想到公孫鞅早已安排了數百名伏兵，趁時機成熟時一擁而上，當場俘虜了吳城守將。最後公孫鞅就利用俘虜到的士兵欺騙吳城守兵打開城門，也順利拿下了吳城。

因此，切記要小心對手的「笑裡藏刀」，不管再有能力的人，都得謹慎行事才行。這社會也同樣充滿著爾虞我詐之事，正因爲無法看透他人的心機，最好的朋友也可能因爲利益而出賣你。所以，明哲保身之道就是時時觀察對方和自己的立場是否衝突，如果眞有抵觸，還是保持距離爲上策，以免日後遭受到無情的背叛。

智慧小語

對敵人仁慈，就是對自己殘忍。

第四篇

▸▸最無知的一句話

「我帶來了這個時代的和平。」

——英國首相張伯倫

英國首相張伯倫於一九三八年與德國簽訂《慕尼黑協定》，他回國後興奮地揮舞著該紙協約書，向人民宣稱：「我帶來了我們這個時代的和平。」然而，這一紙協定不過是德國的僞裝，德軍仍舊暗自發展武力，偷偷擬定侵略計畫。而張伯倫更萬萬沒想到，其實自己是縱虎歸山，這樣的和平協定最後卻換來希特勒更猛烈的侵略。

奉行和平協定的張伯倫給了希特勒壯大的機會，而《慕尼黑協定》也使得捷克落入德國之手，捷克的工業區成了德國的兵工廠，接著淪陷的奧地利更使德國版圖迅速擴張，全世界也緊接著陷入了戰亂。

當張伯倫得意洋洋地以爲，自己做出一番對世界有意義的事情時，卻不知道自己已經成了別人手中玩弄的傀儡，看起來是何等的愚蠢啊！這種以別國的犧牲來換取和平的假象，終究是害人也害己。

眞正的贏家是以實力取勝，而不是靠粉飾眞相或交換條件之類的投機方法，因爲不正當的計謀終究無法通過時間的考驗，遲早會出問題。

成就不是掛在嘴上說說，就能讓所有人信服，許多人默默地爲自己的目標而努力，即使他不聲張，也會被別人所看見。就像埋在深海裡的夜明珠，即使在最幽暗的地方，依然會被注意到。而眞正的成就也應該是這樣，只要盡心盡力爲一個理想全力付出，最後想要不爲人知都很難了，哪裡還需要自己去大肆宣傳呢？

智慧小語

表面的華麗假象，總是無法長久。

「進攻、進攻、再進攻！」

——第二次世界大戰德軍將領隆美爾

第二次世界大戰時，德國名將隆美爾將軍被希特勒派往非洲戰場，屢建奇功，被封以「沙漠之狐」的美名，甚受希特勒看重，也是令盟國緊張頭痛的人物之一。

一九四二年八月，英軍第八團司令官在北非陣亡，名將蒙哥馬利受命接任，爲了恢復全體士兵的信心，他肩負戰勝隆美爾的艱鉅任務。蒙哥馬利在阿拉母山脊四面部署坦克裝甲兵團，試圖誘使隆美爾掉入陷阱。不知情的隆美爾被他的驕傲沖昏頭，一昧命令德軍：「進攻、進攻、再進攻！」導致德軍在山腳下遭受英軍坦克軍團砲轟，潰不成軍。

在這次戰役後，隆美爾失去了希特勒的信任，只能落寞地返回德國，結束他風光的軍旅生涯。隆美爾正是一個「驕者必敗」的例子，任何一個優秀的人物，特別是在生涯達到最頂峰時，也是最容易中箭落馬的時候。

人在努力拚鬥的過程中，無不卯足了勁，好比上緊了的發條一般，全身充滿了戰鬥力，也無時不戰戰兢兢以對。然而，卻容易在到達目的地的時候，因爲得意而鬆懈下來，這時，任何一個脆弱的對手都能輕易地擊垮他，因爲得意而導致的輕率讓人漏洞百出，因此也不難想像，攻無不克的「沙漠之狐」隆美爾，竟會在一場戰役中完全失去了他的戰場。其實他不是敗在對方巧妙的計謀下，而是輸給自己輕率的驕傲。

人永遠都會有弱點存在，即使哪天贏得了勝利，也應該保持著平常心，不要被得意沖昏了頭，如此才能永遠保持超前的地位。

智慧小語

保持一貫的作戰力，用平常心來面對自己的成就，才能持盈保泰。

「我們只要在蘇俄的門上踢一腳，整棟破房子就會倒下來。」

——德國獨裁者希特勒

希特勒爲了進攻蘇聯，秘密擬定了一項代號爲「紅鬍子」的作戰計畫；原來「紅鬍子」是神聖羅馬帝國皇帝腓特烈一世的綽號，當年腓特烈一世到處征戰，曾經六次入侵義大利，發動十字軍東征，希特勒就是要效法腓特烈一世的精神，打算以速戰速決的方式擊潰蘇聯。

一九四〇年，德國開始大規模東進，每天派出數百輛軍車與坦克車，陸軍隊伍朝德蘇邊界行進，海軍也調度軍艦前往。然而，這一切都在秘密中進行，表面上德國和蘇聯繼續保持貿易上的往來，德國並散布假消息，表示所有動作都是爲了進攻英國。

當希特勒來到東普魯士拉斯登堡視察狀況時，蘇俄仍未進入備戰狀態，希特勒對此得意極了，說道：「當『紅鬍子計畫』開始時，全世界將大驚失色！我們只要在蘇俄的門上踢一腳，整棟破房子就會倒下來。」

接著，德國火速發動攻擊，蘇俄一時之間措手不及，戰鬥機未起飛就被摧毀，邊境上的城市陷入一片火海。這次襲擊，德軍共出動一百九十個師、三千七百輛坦克、四千多架飛機以及一百九十艘艦艇，希特勒想憑藉著大規模的軍力，趕在冬季來臨前結束這場戰爭。但是事與願違，面對幅員遼闊的蘇俄，希特勒怎麼也料想不到——這場戰役最後竟讓德軍身陷泥沼，耗盡軍力，加速了納粹的垮台。

太輕忽敵人實力的結果，經常會將自己導向失敗的命運。競爭的過程中，不管對手的強弱，都得通盤檢視一番才對，這世上沒有容易打敗的對手，也沒有輕易可以取勝的戰局。知己知彼才能百戰百勝，否則像希特勒輕忽了俄國這個特殊的戰場，爲了貪心一場戰役，最後連政權都因此而瓦解，實在是得不償失。

智慧小語

再好的計畫都趕不上變化，順勢而爲才能取得優勢。

「空軍可以解決一切問題。」

——第二次世界大戰德國空軍統帥戈林

戈林是希特勒的得力助手，也是當時德國的空軍統帥。希特勒發動第二次世界大戰之初，一路攻無不克，氣勢凌人。一九四〇年五月二十四日，德軍拿下多佛與加萊兩個重要港口，距離敦克爾克只剩下二十英哩。而英法盟軍被困在敦克爾克，進退維谷，一邊是海洋，一邊則是強大的德軍。就在這千鈞一髮之際，德軍忽然停止進攻。此舉讓英法聯軍得到喘息的機會，順利退回英國本土。

這次的空檔，原來是由於空軍統帥戈林對希特勒提出的一項建言，他認爲：「空軍可以解決一切問題。」因此希望保有一定的陸軍戰力，進而能夠面對往後的戰役，而希特勒竟然也接納了他的意見。然而，盟軍一退回本土陣營後立刻整軍出發，接著竟然給了希特勒致命的一擊，德軍此後一路吃敗仗，聲勢也大不如前，最後只能投降英美聯軍。

事實上，無論在沙場上或者人生場合中，「戰術」都具有著決定性的地位，我們不可因爲大意而輕敵，也不能高估自己的實力，以免做出錯誤的決策。假如太過目空一切，即使能力再強，也會因爲不夠謹慎而導致失敗。

人除了實力跟智慧之外，還要有謹慎的性格才能永保不墜的地位。謹慎的人會在事情開始前，先進行通盤的思量跟計畫，任何一個細節都馬虎不得，尤其是身負眾人存亡利益的重責時，更是要秉持著步步爲營的態度。好比企業的大老闆們，大多都善於預測與評估未來趨勢，雖然你我可能還只是平凡的員工，但是若能預先培養這樣的能力，對往後的發展絕對是有利的。

智慧小語

成功得來不易，切莫因爲一個疏忽，而導致全盤皆輸，讓所有的心血白費。

「我們只要輕輕一撞那些破船，羅馬人全都會掉到海裡餵鯊魚。」

——迦太基的海軍統帥馬太

西元前二六〇年，迦太基與羅馬爲了爭奪西西里的主權，爆發了「米列海戰」。當時迦太基非常善於海戰，統領海軍的元帥馬太絲毫不把來襲的羅馬軍艦放在眼裡。

當羅馬的船艦靠近時，前方的傳令兵來報：「羅馬有五層樓高的船艦一百艘，三層樓高的船艦二十艘。」

統領馬太聽了笑道：「不用擔心，我們只要輕輕一撞那些破船，羅馬人全都會掉到海裡餵鯊魚。」

太過輕敵的馬太萬萬沒有想到——爲了這場戰役，羅馬軍團花了一年的時間精心設計，將船艦改裝爲附有接舷吊橋的戰艦。當兩方船艦相碰時，羅馬士兵立刻放下吊橋，衝上迦太基的船艦，毫無防備的迦太基軍隊不久就潰不成軍，而統領馬太也命喪海底。

在徹底收集對方軍情之前就輕易地迎戰，這是迦太基敗亡的主因。不僅導致國家的滅亡，自己也因此而犧牲了。不管我們之前有多少成功的經驗，面對每個全新的挑戰時，依然不能掉以輕心，因爲每一次的狀況都會有所不同，光憑過去的經驗，將無法適用於每一個難題。

只有把每一次的挑戰都當成一個新的開始，將自己歸零後再出發，才能迎接各式各樣的難題。在每一次出擊前做好研究跟準備，至少可以讓自己立於不敗之地。

智慧小語

太過輕忽你的對手，反而會使自己漏洞百出，不堪一擊。

「去叫你們的皇帝歸順俄國，做沙皇的奴僕，並且永遠向沙皇進貢。」

——俄國遠征軍首領哈巴羅夫

哈巴羅夫是十七世紀俄國遠征軍的首領，原本是西伯利亞的富商。當時俄國的疆土不斷擴張，成爲世界強國，沙皇對於黑龍江流域一帶更是充滿野心，卻因爲經費的問題而遲遲沒有行動。

這時突然來了個自告奮勇的傢伙——哈巴羅夫，他不但願意自費招募士兵，並且將一套戰略計畫交給官員過目。最後，哈巴羅夫在一六四九年率領了七十名士兵，越過外興安嶺入侵黑龍江省。

當一行人來到雅克薩城，居民早有耳聞這些俄國人是「吃人的惡魔」，大多都逃之夭夭，因此俄國士兵只抓到一名婦人。被擄的婦人受到嚴刑拷問，氣憤地大罵：「我是大清朝的子民，受中國保護，中國有幾百萬軍隊，還有火槍大砲，你們等著看好了！」

哈巴羅夫一聽大驚，暗自衡量了一下，認爲相較之下，自己根本沒有勝算，於是留下一些士兵駐守，回到俄國。

然而，哈巴羅夫並未死心，他帶回黑龍江的皮毛和小麥，以黑龍江的富庶說服沙皇再給他一次機會，並給予士兵跟槍砲的支援。但是卻只得到一百多名士兵和三門大砲。

當他再度入侵黑龍江省時，雅克薩人開始激烈反抗，但握有大砲的俄軍仍占優勢，於是哈巴羅夫對雅克薩軍民宣布：「去叫你們的皇帝歸順俄國，做沙皇的奴僕，並且永遠向沙皇進貢。」

一直等到哈巴羅夫攻下黑龍江下游時，中國朝廷才終於接獲軍情，派出軍隊反擊，哈巴羅夫不但吃了大敗仗，還因此受了傷。不過當他回到俄國後，卻被沙皇封爲貴族，獎勵他遠征的功勞。只是這「功績」沒能維持多久，因爲清廷很快就將俄國完全逐出境內。這是清朝與俄國的首次交戰，也粉碎了俄國的侵略美夢。

智慧小語

在還未探清楚對方底細之前，還是以靜制動，以免錯估情勢，平白遭受巨大損失。

「這個大肚子議長寫給我的信完全是一派胡言，我根本懶得回應！」

——沙皇尼古拉二世

第一次世界大戰期間，沙皇尼古拉二世野心勃勃、殘暴成性，一九〇五年下令槍殺聖彼得堡的示威工人，因而激起民怨，導致革命爆發，接著又解散議會，讓全俄上下陷於一片混亂之中。

事實上，沙皇之所以加入第一次世界大戰，一方面意在摧毀德國，並鞏固俄國在巴爾幹半島的勢力，另一方面則是想透過戰爭，移轉國內人民的焦點，鎮壓革命運動。但是事與願違，戰爭不但無法達到目的，反而讓俄國的經濟陷入前所未有的風暴。

當時沙皇徵調千萬名壯丁到前線作戰，以致田園荒蕪，糧食缺乏，物價飛漲，又因為戰爭造成交通運輸極度混亂，糧食、軍火無法運送，不僅人民挨餓，連士兵也無槍可用，甚至導致三個士兵共用一枝步槍的窘境。在這樣的情況下，俄軍在沙場上自然是敗仗連連。在如此殘破的局勢下，民眾漸漸無法忍受沙皇的作為，紛紛起來反抗，「打倒沙皇專制」的口號四處散播，革命四起。

剛開始，沙皇還無視這場叛亂，當議長向他提出警告時，他竟對皇后說：「這個大肚子議長寫給我的信完全是一派胡言，我根本懶得回應！」

直到事態嚴重，沙皇還異想天開地想跟德國講和，希望藉此抽出兵力以鎮壓國內局勢，同時解散國會。然而消息走漏，國會決定擬案罷免沙皇，布爾什維克黨更搶先一步，發動全國性罷工，罷工最後演變成起義，沙皇尼古拉二世就此垮台，成爲俄國的末代沙皇。布爾什維克黨因此取得政權，他們也就是「蘇聯共產黨」的前身。

任何失敗都會有徵兆，我們必須正視問題，而不是轉移焦點，否則只會讓事情更加惡化，到時候無論如何補救，都將難以挽回。

智慧小語

對危機視而不見，就是毀滅的開始。

「這真是一項偉大的創舉！」

——蘇聯共產黨領導人列寧

一九一九年，蘇維埃政府面臨帝國主義國家的聯手攻擊，情勢對他們相當不利。當時蘇維埃政府位於莫斯科的一個分支黨部召開會議，討論要如何更有效率地補給前線，議場上有人提議說：「黨中央下達『用革命精神來工作』的口號，我們要實踐這樣的教條，最好星期六下班以後都不回家，一起加班修理機車。」

這個建議受到一致通過。於是部分黨員開始星期六留守，只要一接到前線需要機車的命令，就馬上搶修前線所需的機車。只見黨支部的書記捲起袖子，鑽進機車底下，裝配替換零件，而其他黨員也不顧飢餓地辛勤工作，認爲搶修機車就是「對敵方的打擊」。

搶修工作進行到深夜十二點，好不容易才修復好兩台機車，請軍車運至前線。這時修理場響起莊嚴的愛國歌曲。等到列車遠去，突然有人喊道：「讓我們再修一輛機車吧！」結果眾人又開始忙碌起來，直到黎明。這件事傳到列寧耳中，他連聲稱許：「這眞是一項偉大的創舉！」

共產主義經常以「平等」做幌子，讓一般人認爲當權者或富人也和普通人一樣，做著同樣的工作，藉此激發人們的團結。其實，身爲高官，不是有更重要的事情等著他們嗎？而企業主也有一定的能力，才得以作爲一名決策者，若是刻意拿掉這些人的優勢，將他們降爲跟普通人一樣，其實是一種秩序的混亂，就像要大學教授去教幼稚園一樣，扭曲了平等的眞義。在現代人看起來，當時的社會主義實在充滿著許多可笑的行徑。

智慧小語

眞正的平等不是演出來的。

「我要把核彈放在美國人的鼻子下！」

——蘇聯共產黨領導人赫魯雪夫

冷戰期間，美國在蘇聯國土四周架起無數的核子導彈和監視系統，讓蘇聯備感威脅，這舉動也惹毛了當時的蘇聯領導人赫魯雪夫。他揚言：「我要把核彈放在美國人的鼻子下，叫你們也不得安寧！」

於是在一九六二年十月，赫魯雪夫打算將核彈部署在與美國只有一道海灣之隔的古巴。這樣的舉動引起美國上下譁然，甘迺迪緊急向人民發表聲明，說明美國絕不容許這樣的威脅行徑，更不會因此退縮。接著美國邀請英、法、德等國一同對蘇聯發出嚴厲的譴責。

然而，赫魯雪夫根本不理會美國的警告，運載著核彈的船艦已向古巴出發。美國也嚴陣以待，甚至做好發動戰爭的準備。但是正當兩軍錯身而過時，美軍卻發現蘇聯軍隊異常平靜，原來，蘇聯根本沒有掀起戰爭的意思。

至此，這場鬧劇終於在美國的強大壓力下收場，赫魯雪夫只得命令軍隊返航。因爲一時的衝動，他讓自己落得進退兩難的尷尬處境，所以這句「逞英雄」的話，也稱得上是一句極爲愚蠢的宣言！

當人情緒激動時，最容易做出愚笨的舉動，甚至跟平常判若兩人。衝動可以讓一個聰明人變得低智商，如果無法領悟到這點，老是讓情緒牽著自己的鼻子走，那就會自討苦吃了。

職場上講求EQ，其實運用在生活上也一樣，不論做任何決定，都必須保持冷靜的頭腦，切忌因激動而亂下決策，因爲事後往往會懊悔不已，甚至還得用更多力氣去修補因衝動而犯下的錯誤。

智慧小語

沉著冷靜，才能永遠站在對的一方。

「以色列人一分鐘就能打贏漂亮的空戰，我們也能！」

——阿根廷總統加爾鐵里

阿根廷的前總統加爾鐵里靠著軍事政變奪取政權，爲了轉移人民的焦點，不惜對英國挑起戰爭。這場戰爭的導火線起於英阿兩國對福克蘭群島主權的爭議。該島嶼的談判進行了二十幾年，一直沒有結果，但是在一九八二年四月，加爾鐵里忽然出動軍艦占據該島，並把插在島上的英國國旗丟到海裡。

這個挑釁的舉動引起英國的不滿，但加爾鐵里卻無視英國的抗議，自信英國不會爲了這群遙遠的小島對阿根廷發動戰爭。然而，英軍的艦艇卻開始逼近。阿根廷將領們勸總統在該島建立空軍基地，預先爲戰爭做準備，否則一旦開戰，阿根廷的飛機飛到該島後即油料耗盡，只能停留兩分鐘時間。

加爾鐵里聽了，傲慢地回道：「以色列人一分鐘就能打贏漂亮的空戰，我們也能！」結果，英軍船艦抵達後，只花了短短幾小時就將阿根廷軍隊擊潰。加爾鐵里於是黯然下台，等候軍法審判。

這故事再次證明了愛說大話的人，實力往往不怎麼樣。面對新的挑戰，只有謹慎擬訂計畫，充分準備，才能成功。光說不練的人遲早都會鬧出笑話。

人需要相當的自信才足以成事，但自信不代表自大，過於驕傲自滿的人最後總是難逃失敗的命運，而這都要歸因於失去了自我檢討的心。唯有行事謹慎、步步爲營，才能始終立於不敗之地，過度誇口只會令人引爲笑柄而已，對自己一點幫助也沒有。

智慧小語

愛說大話的人，只是凸顯了自己的愚蠢跟無知而已。

「怕什麼？我騎馬的時候，他們還不知道馬有幾條腿呢！」

——清朝親王僧格林沁

僧格林沁是清朝的親王，也是一名元帥，因鎮壓國內叛軍有功，而聲名大噪，但是顯赫的功績讓他驕傲自大，也種下了往後的悲劇命運。

咸豐十年（西元一八六〇年），僧格林沁奉命圍剿作亂的捻軍，這時太平天國遵王賴文光卻與捻軍結合，增強了捻軍的勢力。僧格林沁在對捻軍的圍剿行動中，抱持著斬草除根的態度，雖然有人勸僧格林沁不要小看捻軍的兵力，但狂妄的僧格林沁卻回道：「怕什麼？我騎馬的時候，他們還不知道馬有幾條腿呢！」

就是因為僧格林沁對自己的過度自信，以致當清軍被捻軍誘騙到山谷間時，他完全沒有考量到對方是否有埋伏，因此捻軍伏兵從四面八方一擁而上，一下子就將清兵殺得潰不成軍，而僧格林沁也在那場戰役中身首異處。

太過輕敵是致命的缺失，即使再有能力的人，都不可能永遠一帆風順。得意時更要特別謹慎自己的腳步，莫讓成功沖昏了頭，如此才能持盈保泰，維持住原有的成就。若是過於驕傲自滿，很容易因爲情緒而做出錯誤的判斷，讓敵人有出手的機會。

我們必須認清：越是站在成功的頂峰，就越容易將自己暴露在危險之中，成爲別人的標靶，太過輕率的人有可能一瞬間失去所有，這跟自己的能力無關，而是因大意斷送了前程。

智慧小語

成功永遠與謹慎的人同在。

第五篇

最有良知的一句話

「羔羊的生命和人類的一樣珍貴。我可不願意為了人類而奪走羔羊的性命。」

——印度國父甘地

一個懂得尊重生命的人，才能夠贏得尊重；無論是自己或是他人，乃至自然界的各種生命都一樣。歷史上舉世聞名的偉人通常都心存慈悲，爲了謀求更多人的幸福而奮鬥，因此成就他們的豐功偉業，得到世人的肯定。印度的國父甘地，正是仁慈的代表人物。因爲他具有寬厚的心胸，才能用絕食的低調抗議，代替流血的激動抗爭，爭取到國家的獨立。

一個不願傷害弱小動物的人，對待他人時才能抱著慈悲爲懷的態度，時時爲他人著想。而這種「濟弱扶傾」的精神，當初也曾出現在國父孫中山先生的理念中。一個偉大的革命家，都能具備這樣的理念，由此他們明瞭自己努力的方向，在於謀取更多人的幸福，而不是爲了一己之私。放眼當下的政治局勢，這樣的胸襟在許多政治人物身上是少見的，這也是這些歷史偉人們爲後代所稱頌、景仰的原因。

千萬不要認爲這是老掉牙的精神，如果每個人都能領會這樣的概念，運用在我們的生活上，讓富有的人照顧貧困的人，成就高的人提攜遇到挫折的人，這社會不是能更加進步和祥和了嗎？

智慧小語

牢記「施比受更有福」的道理，經常去幫助那些需要幫助的人，回饋你的將是更溫暖、更有人情味的社會。

「這一仗打得糟透了！」

——美國總統林肯

一八六一年，林肯當選爲美國聯邦政府總統，但南方十一州卻另組了南方政府，並推派戴維斯爲「總統」，南北正式分裂，起因則是林肯解放黑奴的主張；當時美國南方大多數地主都擁有大批黑奴，爲此他們強烈反對這個政策。

正式分裂後，林肯募集兵力，打算討伐南方政府。雖然北方民眾熱烈響應，招募的兵力也是當初估計的十倍，但是第一戰卻吃了敗仗。

然而，林肯哪會這麼輕易罷休呢？他接著頒布了「解放令」，正式宣布解放黑奴，讓他們成爲美國公民的一份子。此舉吸引了更多黑人支持者，紛紛加入志願軍，兵隊一下增至四、五萬人，在蓋茲堡戰役中，林肯終於獲得了南北戰爭以來的第一次勝利。

當街上群眾歡欣雷動時，林肯的兒子來辦公室找他，卻意外看見林肯淚流滿面。林肯對兒子說道：「前線的指揮官沒有聽我的話，讓南方的軍隊逃回去，我知道他們還會回來，往後還不知道要死多少民眾。這一仗打得遭透了！」

林肯雖然不是軍人出身，卻懂得戰爭的關鍵不在贏了一場戰事，而是徹底消滅敵人的主力。接著他任命格蘭特爲主將，前往密西西比河，封鎖南方的水路交通。同時，另一位謝爾曼將軍也攻下了南方政府的核心——亞特蘭大，兵分兩路將南軍團團包圍。南北戰爭到了尾聲，戴維斯從海路逃跑，南軍也潰不成軍，只好投降。歷經四年的南北內戰終於得以結束。

因此，我們應該自己替自己打分數，而不是依照別人的眼光，如此才能常保清醒的頭腦，能夠看清楚狀況，做出對自己最有利的決策。

智慧小語

就算是別人的建議，也要經過思考與消化後，才能下評斷。

「愛不能單獨存在，它本身並無意義。愛必須付諸行動，行動才能使愛發揮功能。」

——德蕾莎修女

宗教家的大愛精神，往往令人敬佩，因為他們可以超乎個人、家庭，對每個人付出，就如同手足一般。德蕾莎修女是諾貝爾和平獎得主之一，她在非洲照顧貧困者的善行，替她贏得獎項的肯定，獲得世人的掌聲。她在本文中所說的這一段話，其實是十分簡單的道理，然而也是人們普遍的盲點。

以中國父權至上的傳統觀念為例，專制、嚴厲的教育，經常只會得到適得其反的效果。光憑嚴肅冰冷的態度，很難讓子女感受到父親的愛，或許出發點是良善的，但因為缺少溝通，加上表達的方式不對，反而會造成反效果，形成親子關係的疏離。情人之間也是同樣的道理，一對極為相配的伴侶，其中一方礙於諸多因素，隱藏著心中的愛意，不敢表達出來，最終使得緣分無疾而終，成為一生的遺憾。

「愛」的確不是放在心裡就足夠的，你必須明確地讓對方感受到，至少要做點什麼吧！切莫像冬眠的熊一樣窩在洞裡，別人不是你肚子裡的蛔蟲，他可能會猜錯，可能會質疑，當沒有得到任何行動上的證實之前，各種的誤解都可能破壞了彼此原有的美好情誼。

因此，試著把內心的情感表露出來吧！用實際的行爲來傳達心意，這樣的互動才能讓「愛」更具體、更有意義。

智慧小語

只把愛放在心中的人，其實是最自私的，因爲沒有人可以分享到你的溫暖。

「任何有意義的行為，不外乎以信仰為出發點。」

——德國醫學家史懷哲

狹隘的信仰是指宗教，廣泛的信仰則包括我們內心的原則跟堅持，唯有堅持某種理念，才能讓我們對工作或生活都抱持著信心。信念是一種支撐的力量，當人們面臨挫折時，它能使人不致於被擊倒。

人之所以面臨失敗，其實都是由於自己先產生了放棄的念頭，當內心失去依循的準則時，就容易半途而廢，從心理產生許多不確定的想法，例如：「自己這樣做有任何意義嗎？」或者「我這樣辛苦忍耐是爲了什麼？」如果你心中有信仰時，即使再大的磨難都不會引以爲苦，因爲你確實知道自己的目標在哪裡，明白自己的所求爲何，也因此面對再大的挫折都能甘之如飴，把它當成過程中的考驗而已。

史懷哲這位諾貝爾和平獎得主，離開文明的家鄉，來到落後的非洲，在雞舍建立起一家醫療院所，爲許多貧窮的非洲人服務，他的犧牲奉獻精神受到世人的肯定，也感動了許多人，使人們相繼追隨他的腳步。他的信仰就是服務人群，光是這點就足以讓他的生命發光發熱，成爲世人所景仰的人物之一。

事實上，心中的理念就是一種信仰；古今中外許多令人敬佩的人物，爲了信仰可以不顧世俗的眼光，當別人嘲笑不可行時，他們依然按照心中的信仰去執行，最終往往能開創出一番事業來。這就是信仰的重要。

智慧小語

只要相信，去做就對了。

「我想把對人親切以及照顧他人當做一種享樂，而不是義務。」

——日本著名文學家菊池寬

明治二十一年（一八八八年），菊池寬出生於日本香川縣，他曾就讀於京都大學英文系，早期致力於創作劇本，也曾改寫小說。一九二〇年出版長篇連載小說《眞珠夫人》，頗受好評，從此成爲通俗小說的頂尖人物。菊池寬的這一席話正在提醒人們仁慈之心的重要，良善的心態是社會祥和的動力，扶助弱勢者則能讓社會更溫暖，因此人們都應該期許自己能發自內心地樂於奉獻。

現今社會中正缺乏了這股力量，當我們面對陌生人時，不僅吝於打招呼，發現別人需要幫忙時，也顯得異常冷漠，這似乎是都市社會裡的通病。擁擠的生活空間雖然縮短人們之間的距離，卻也讓人產生想疏遠人群的煩躁心態，對於自身也變得過度保護，到最後變成人與人之間的漠不關心。

其實可以試想看看，當一出門時，遇到一個親切的微笑，看到一個溫馨助人的畫面，是不是會改變一整天的心情？這其實不過是舉手之勞而已，每個人都可以輕鬆地做到。只要願意改變一下態度，敞開心房，將與人互動當成開心的事，久而久之也會變得自然而主動，漸漸樂於去做它。也許只是公車上讓個位，或者協助小朋友過街，看起來微不足道，卻無形改變了人與人之間的氣氛。

尤其對於任職於服務業的人，好比護士、服務生、清潔工人等，服務人群是他們的工作，照顧他人是謀生必須的義務，這時若能將工作本身看成是幫助他人，並以此爲榮，相信就不會有任何的抱怨，反而是樂在其中了。

智慧小語

當你不把跟人之間的互動當成一種負擔，其中的樂趣也會慢慢展現出來。

「如果不會替人捲繃帶，就不要觸碰人家的傷處。」

——清末海關總稅務司羅伯特・赫德

赫德原是英國翻譯官，英法聯軍時調任廣州，從此開始了與中國的不解之緣。一八五九年，他出任廣州副海關稅務司，四年後正式成為海關總稅務司，其後更一路從正三品大員升為正一品。他居住於北京長達四十年，也是清朝對外政策的當然顧問，從本文所選的名言中，更能清楚感受赫德在與人應對上的智慧。

刺探他人的隱私似乎是普通人的通病，然而，一旦挖掘別人的隱私，其造成的後果卻未必那麼容易平息。隱私中存在著別人的難言之隱，以及不幸的記憶，當這些悲傷被喚醒之後，對當事人卻是再次的傷害。

窺視他人的秘密或許是人性必然之惡，但這樣的好奇對訴苦者本身並沒有好處，有時非但問題沒有解決，還會衍生出更多的問題。比如說，有些人以為自己懂得如何安撫對方，有足夠的話語用以安慰，但卻沒有想到——安慰也需要技巧，能將心比心、把話說得恰到好處的人並不多。

每個人的內心多少都會有些不愉快的回憶，這都需要時間去慢慢治癒，當傷口慢慢淡化、結痂了之後，最殘忍的事便是再度撕開瘡疤。爲了避免悲劇產生，赫德以這句話提醒世人——少去碰觸他人的傷痛，因爲這並非你我所能承擔的。

智慧小語

尊重他人的隱私，以免造成別人更大的傷害，損人而不利己。

「當一個人懷著善意講話或做事的時候，快樂將如影隨形地跟隨著他。」

——釋迦牟尼

所有行爲都是內心的反射，你喜愛自己的工作，自然表現得充滿幹勁與活力，假使是不得不去做，只是爲了生活或是被逼迫，將很難有好的表現。

一個人的態度不僅表現在工作上，也展現在生活中的所有事情上。天性樂觀積極的人，即使面對再難以忍受的事情，他們也能處之泰然，以很正面的想法來激勵自己；若是懷著悲觀陰鬱的心理，無論發生再好的事情，對他們而言，還是可以挑出一堆毛病來。

切莫以爲你做你的事，周遭的人不會受到影響，其實每個人都有某種程度的關連性。對於憤世嫉俗的人，人人看到都會走避，因此他們淪爲孤單一人，接著又變得更加地鬱悶、更愛抱怨，如此，他們的人生會快樂起來嗎？恐怕一生都很難感受到幸福吧！

因此，我們得從心態上去做改變，尤其當你覺得生活糟透了時——換個角度想想，其實，眞正跟你作對的就是你自己。

切莫因爲一時的不如意而影響到自己的心情，人生還有很長的一段路要走，如此一想，那些短暫的痛苦又算得了什麼呢？讓我們無時無刻爲自己加油打氣，朝光明面思考；別再抱怨別人，並提醒自己要時常與他人保持良好的互動，很快地，好事自然就會降臨了。

智慧小語

改變心境，就能改變生活。

「重視特權勝於原則的人，兩者均將不保。」

——第二次世界大戰美軍統帥艾森豪

艾森豪是美國的軍事和政治家，第二次世界大戰時擔任同盟國遠征軍的最高統帥，以諾曼第登陸一戰聞名天下。而艾森豪的這句名言正足以印證在許多政治人物身上。

對於政局極不穩定的開發中或未開發國家而言，由於民主的概念與素養正在發展中，因此當權者往往抓住機會予取予求，放眼國際上，這樣的例子比比皆是。

對於很多的亂象，其實政治人物需要負起很大的責任，因爲他們是站在最高處的「楷模」，一方面掌握著許多權力，同時也給人民一個跟隨的方向。在取得權力之前，我們可以看到這些人散發著理想的光芒，個個看來都像是有爲者，可以替人民創造莫大的福利，但隨著他們登上高位，態度卻逐漸有了改變，甚至叫人跌破眼鏡。

事實上，權力是一時的，自以爲大權在握、可以爲所欲爲的人，最後經常會成爲眾人攻擊的對象，被群眾所唾棄，失去所追求的一切。因此，唯有保持住自己的一貫態度，不因爲職務的高低而有所分別，才能贏得他人的肯定跟尊重。

智慧小語

保持一貫的原則是做人的基本態度，也是維持成功的不二法門。

「正直是最佳的外交政策。」

——普魯士王國首相俾斯麥

有「鐵血宰相」之稱的普魯士政治家俾斯麥生於一八一五年，他年少時成績非常差，後來卻能透過努力自修通過文官考試，成爲國會議員，最後更當上普魯士的首相。

在現代，當很多人已經忘了「正直」爲何物時，俾斯麥的這句話——「正直是最佳的外交政策」——的確提醒了我們，無論大到國與國之間，或者小至人際關係裡，正直永遠是建立信任的第一步。因爲一位正直的人不會說謊，他願意爲自己說過的話負責，不會利用邪門歪道來掩人耳目，獲取不正當的利益，如果我們能正視這樣的品德，並努力之奉行，相信無須過多的語言就自然能得到別人的敬重了。

可笑的是，生活中常會看到許多人用花俏的技巧，試圖贏取他人的信任和好感，不只花費了極大的精神與時間，有些甚至投入大筆的金錢，但卻置這麼簡單的道理於一旁。這實在值得現代人深思跟反省啊！

智慧小語

正直的態度比一千句甜美的承諾更令人安心。

「我們現在受的苦難，只是一群害怕人類進步的人，在他們消失前，發洩他們的怨毒，滿足他們的貪婪。」

——英國著名喜劇演員卓別林

卓別林是第二次世界大戰前迅速竄紅於美國的一名喜劇演員。有一天，他看到報紙登載著希特勒禁止他的電影在德國上演的消息，理由竟然是因爲卓別林的形象跟希特勒太相似了。穿著流浪漢衣服的卓別林，臉上貼著傻氣的小鬍子，乍看之下的確很像希特勒。卓別林讀後覺得十分好笑。

事實上，只要仔細比較一下，就可以發現：卓別林跟希特勒還眞有很多相似之處，不僅是外貌，連出生年月都一樣。但兩人的命運卻有著天壤之別——一個爲世界帶來歡笑，一個爲人們帶來苦難。對於這樣的反差，卓別林心生出個念頭：「他是個瘋子，而我是演員，如果我們的角色異位呢？」這個點子最後就成了卓別林的新片——《大獨裁者》，用以嘲諷希特勒跟納粹。

片子上演後的某天夜裡，卓別林應邀去華盛頓爲廣播電台念一段《大獨裁者》結尾的演講詞。當時在場的有許多納粹份子，卓別林一開始演講，他們就故意大聲咳嗽，干擾演講的進行，但是卓別林不顧他們的搗亂，對美國六千多萬聽眾激昂地朗讀起來：「我要向那些聽得見我講話的人說：『不要絕望啊！我們現在受的苦難，只是一群害怕人類進步的人，在他們消失前，發洩他們的怨毒，滿足他們的貪婪。這些人的仇恨會消逝，獨裁者終將毀滅，我們也會進入一個全新可愛的世界。」

卓別林不畏懼威脅，具有高尚的品格，這或許也是他受到群眾歡迎的重要原因之一。不管多麼相似的人，都會因爲自己的作爲，走向不一樣的人生，因此選擇人生的方向與目標是何等重要啊！

智慧小語

是我們選擇了命運，而不是命運選擇我們，
想要有怎樣的未來，全操控在自己的手中。

「以前的帝王只知重視漢族，唯有我對少數民族等同視之，因此他們才侍奉我如父。」

——唐太宗

貞觀四年（西元六三〇年），西北各族領袖共同尊唐太宗為「天可汗」，唐太宗對自己能受到異族的推崇，遠超越先輩征服大漠的成就，說了這樣的感言：「以前的帝王只知重視漢族，唯有我對少數民族等同視之，因此他們才侍奉我如父。」

唐太宗說的確實是實情，只有以誠相待，才能從根本上解決民族紛爭，而這也是國家強盛的不二途徑。然而，民族的問題卻始終存在國際間，舉例來說，光是台灣這麼狹窄的空間裡，就為了外省、本省之爭而紛擾不休，此外還有美國的黑白種族問題、中東的宗教與民族戰爭……等等。這些問題要獲得消弭，全賴將心比心的態度，一切必須先從尊重對方的文化背景開始；唯有帶著一顆寬容的心去接納，才能達到和諧。

同理，想要改善人際關係，讓自己成為受歡迎的人物，也必須先喜歡別人。「成見」是人與人之間無法和諧相處的主因，只憑靠第一印象就對別人妄下評判，不只影響雙方的關係，對自己也是一種損失，因爲先入爲主的成見會使我們平白錯失從別人身上學習的機會。不懂得先欣賞他人的優點，只知道先挑出對方的缺點，這會讓自己和他人的關係變得劍拔弩張，人脈也將無從建立。

智慧小語

想贏得他人的尊重，就得先尊重他人，同時要設身處地爲他人著想。

「勿以惡小而為之，勿以善小而不為。」

——蜀漢昭烈帝劉備

桃園三結義中的劉備、張飛、項羽，屬劉備最具大哥的氣度，他可以說是三人當中，最沉穩和愼謀能斷者，這也是他最後得以稱王的原因。而劉備的仁厚正可從本文所選的這段話中看出，也很適合當作爲人處事的準則。

直到今天，相信無數的例子都可以應驗這句話的眞理。任何事情都是由微小之處開始，一件小事可以養大我們的「胃口」，成爲我們的習慣。如果把它放在不好的地方，好比賭博，一開始可能只是「小賭怡情」，等到嚐過甜頭之後，許多人就因此深陷其中，由小錢變大錢，最後搞得身敗名裂。人性最難控制的就是「貪」，所有的惡行都是從小貪開始，最後卻像滾雪球一樣越滾越大。

然而，人們對於做善事卻是全然相反的心態，認爲在小事上行善，看不出太大的影響，因此不願意去做。殊不知一件小小的善事對自己雖然沒有太大的影響，對別人可能是影響一生的助力呢！

智慧小語

這世界變得美麗或醜惡，光看你從那裡著手。

第六篇

▶▶洞悉人生的一句話

「老兵不死，只是逐漸凋零。」

——第二次世界大戰美軍統帥麥克阿瑟

麥克阿瑟在結束他輝煌軍旅生涯的一篇重要演講中說道：「老兵不死，只是逐漸凋零。」任何的風光都不可能永遠持續下去，尤其在詭譎多變的人生中，起起伏伏在所難免，如何能在人生的光環褪盡時，還保有一顆平常心，不至於陷入沮喪、低潮中，這跟最初是否具有執意堅持的理念有關。

如果你的成功並無背離你的原則跟精神，當有一天必須結束時，便能帶著榮耀，輕易地一鞠躬退下來。因爲畢竟已經達到當初的理想，成功圓了自己的夢，那過程才是最珍貴的，至於是否一直處於顚峰，就不再是一項重要的課題了。而這樣的成就將受到人們的尊崇跟敬佩。

麥克阿瑟在他最後的政治舞台上說出這感性的一句話，其實也中肯地表達了他此生對國家的奉獻，他從未違背身爲軍人的職責，因此將永遠在歷史上留名，爲世人所牢記。身爲一個沙場上的驍勇戰將，或許隨著歲月的流逝，體力會衰退，戰術也不再縝密，但是他所建下的功勳將永不磨滅，爲世人所稱頌。

反觀我們自己，在體力最充沛的青壯年時期，是否也爲自己訂下一個偉大的期許呢？若我們可以好好運用這段時間，爲人生努力衝刺，創造出一番成就來，相信過程中無論遭遇什麼樣的事故，都將無愧於此生了。

智慧小語

秉持自己的理念行事，無論結果爲何，都是一種驕傲。

「我們必須接受有限的失望，但千萬不可失去無限的希望。」

——德國宗教改革家馬丁路德

一四八三年，馬丁路德出生於德國東部的埃斯勒本，他是一位德國礦工的兒子，後來成爲神學教授。在羅馬，他看見了教皇的腐敗，所以非常反對那種封建制度下的教會統治，主張宗教改革。這個主張後來被教皇視爲「邪說」，開除了他的教士身份。但他仍舊致力推動德國脫離羅馬教會的革命，並引發一連串的政治改革。他最著名的一句話就是：「我們必須接受有限的失望，但是千萬不可失去無限的希望。」也反映出當時他堅持推動改革的決心。

沒有任何事情是完美的，當你得到某些東西時，必然也會失去一些，於是取捨之間就端看每個人的拿捏了。有些人希望自己事業有成，但這也意味著必須犧牲生活中的悠閒，甚至和家人相處的時間，乃至於感情上的追求。成功者的背後往往是孤獨的，因爲成功者必須花許多時間在事業上，以致無暇顧及個人的私生活，這是必然的結果。

在追求成就之前，必得有所犧牲，路途上總會出現許多荊棘和絆腳石，挫折必然是難免的。如果不能將眼光投往更遠的地方，就很容易被眼前的困苦所擊倒。那些情緒上的低潮是可以被理解的，但千萬別讓失意在我們的身上停留過久，否則只會磨滅掉自己的鬥志。

以寬容的心態、超越的眼光去接受所有的失敗跟缺陷，並且抓住大格局的方向，因爲我們要的是更碩美的果實，而不是眼前的枝枝節節。只要不放棄對美好未來的追求，希望永遠相隨。

智慧小語

包容旅途中的不完美，持續地努力下去，才能到達成功的彼岸。

「歲月不能使人衰老，只有放棄理想才會令人老去。」

——第二次世界大戰美軍統帥麥克阿瑟

這句話或許會令許多人感到汗顏跟自責，讓我們捫心自問：「是否在歲月的流逝中，我們已經忘卻了當初的理想？」人們往往在無數次挫折後，開始對生活感到疲乏，然而真正讓生活變得沉悶失意的，其實是喪失了心中的希望和目標。

在年齡不斷增長的過程中，總是得面對一些風光跟不如意的事情，很多人因此被生活折磨得不再有夢想，失去了方向。當我們開始日復一日做著單調重複的工作，過著一成不變的生活時，即使年齡算不上老，卻也會覺得自己已經走到人生的盡頭，再沒有什麼事情可以讓自己提起勁來。

這麼一想，心理上的衰老眞是遠比年齡的增長更爲可怕吧？它就好像提早宣告了死亡一樣，即使活著，也像遊魂一樣飄蕩著。想要讓自己的生活再度充滿活力、點燃希望，就需要一個目標的引導，人會因爲有目標而心懷壯志。隨時保持心態上的年輕，永遠不要忘了自己的夢想，因爲夢想的追求不分年齡，只要隨時提醒自己，就能讓生命再度活躍起來。同時也不要放棄自己感興趣的部分，因爲它可以成爲我們生活的潤滑劑，一輩子跟隨我們，那種從內心油然而生的喜悅，是沒有任何事情可以取代的。

智慧小語

經常提醒自己不放棄追逐的腳步，那麼我們就不會因爲歲月而改變了眞正的自我。

「不要在害怕時爭辯，亦不要因害怕而不爭辯。」

——美國總統甘迺迪

甘迺迪這句話提醒了人們「隨時保持冷靜」的重要。人們經常會因爲一時的意氣而把事情搞得失控。情緒的確是人們最大的弱點，重要性甚至超越在智能之上。

一個懂得控制情緒的人，無論在什麼場合上，都可以表現出優勢，因爲他不會因此而思緒紛擾，甚至能清楚看見對手的弱點，給予致命一擊。而這種控制能力自然需要培養，並且跟我們的信心有很大的關連。

事實上，恐懼感任誰都有，就算那些看似平靜的人，在內心中也會有害怕的時刻，只是他們更能善用這樣的情緒，激發出更大的力量來面對各種可能產生的問題，他們相信自己做得到，因此最後常能成爲贏家。

總而言之，這句話帶給我們的啓示是——隨時保持冷靜，永遠等自己平靜後再出手；對於任何的強勢挑戰，也要無所畏懼地予以反擊。

智慧小語

保持清醒的頭腦跟旺盛的鬥志，可以讓我們戰勝一切挑戰。

「忠實的朋友是上帝的化身。」

——拿破崙

生活中有很大部分的朋友其實是來自利害關係，說得現實一點，是出自利益上的交換。因此意氣風發，事業、生活皆得意的人，身邊永遠不缺朋友，而對於陷入低潮或一無所有的人，周遭的人總是能躲則躲，這時還願意陪伴左右的友人，往往少之又少。

有人說：「患難見眞情。」其實一點也沒錯，眞的朋友不會因爲你潦倒而離開，也不會在你成功時盡拍些馬屁。人生中要能遇上一位這樣的朋友，就已經十分幸運了。

忠誠的朋友可遇而不可求，有些人碰到這類朋友，卻因爲對方說了一兩句不中聽的話而疏遠對方，其實這麼做損失的只有自己。眞正的朋友就好像天使一般，可以時時提醒我們，或者在最關鍵時刻，帶給我們觀念上的轉變，生命的改變。

因此，在朋友的選擇上除了要睜大眼睛外，遇到能夠跟我們講眞話、不怕得罪自己的友人，更要虛心以對，永遠珍惜。

智慧小語

忠實的朋友才是人生中的良伴，有友如此使人生倍感溫馨。

「一個人無論成就有多大，對他人都應該保持謙遜的態度。」

——著名愛爾蘭劇作家蕭伯納

一八五六年，文學家蕭伯納出生於愛爾蘭的都柏林，他於一九二五年獲得諾貝爾文學獎，作品中帶有深厚的理想主義與人道關懷。

某一次，蕭伯納受邀訪問蘇聯，回國後他向朋友聊起這段旅途中的趣事：那天，他在街頭獨自漫步，偶然遇見一個蘇聯小姑娘，她長得非常可愛，引起蕭伯納的注意，於是他停下來和小女孩玩了一陣子。等他要離開時，他告訴小女孩說：「等妳回家時別忘了告訴媽媽，妳今天遇到了世界上最有名的劇作家蕭伯納。」

「結果，你猜那女孩是什麼反應？」蕭伯納問朋友說。

朋友開始七嘴八舌地討論，有的說她驚訝得說不出話來，有的則說她一定覺得自己很幸運。

蕭伯納笑了笑，搖搖頭說：「你們都猜錯了，或許我的態度有些傲慢，小姑娘竟然學起我的語調說：『那你也要記得回去告訴媽媽，今天跟你一起玩的是蘇聯姑娘薇拉。』」

朋友們一聽都哈哈大笑。蕭伯納接著說：「後來這件事使我明白，一個人無論成就有多大，對他人都應該保持謙遜的態度，這就是我從小姑娘那兒學到的教訓，而我一輩子也不會忘記。」

孩子的純眞有時正好提醒大人，讓我們記起許多被人遺忘的品德。人成功後所擁有的一切光環，其實都不過是別人加諸在自己身上的虛名，若是因此感到得意、自傲，甚至忘了原本的自己，最後就會演變成一場災難。只有眞實的自我才是最可貴的，無論何時何地，都要記得別被虛幻的名利沖昏頭、變了樣。

智慧小語

不要迷失在他人的掌聲中，只有時時保持虛懷若谷的態度，才能贏得他人眞正的尊重。

「在危機中應該小心危險──但也要看見機會。」

——美國總統甘迺迪

看起來越危險的地方，改變命運的機會就越大，好比探險家們尋找寶藏，它絕不會藏在人們容易抵達的地方，越是貴重的寶藏，越是讓人必須歷經千辛萬苦才能到手。

正因爲危機發生的當下才是考驗一個人的時候，要想凸顯出一個人的本事，沒有意外的發生，就無法顯現能力的高下。因此，在危機中輕易退縮的人，無疑就先被淘汰出局了。他們把機會當成眞正的危險，絲毫看不見事情的眞相。

從未經歷過狂風大浪的水手是無法當一名好船長的。世界越是動盪不安時，英雄越能找到自己的舞臺，反之在太平盛世時，勇猛的戰將往往失去發揮的機會。只有當面臨危機時，人的潛能才得以被激發，才能夠創造出不平凡的成就來。

能夠看到機會的人，會將挑戰視爲掌握成功的大好良機，奮力一搏。而只知道逃避的人，不過是人生沙場上的一個懦夫，成功的機會永遠落不到他身上。因此，我們要懂得視危機爲轉機，從這裡出發，命運必將從此改觀。

智慧小語

當滂沱大雨平息下來後，迎接你的就是燦爛的陽光。

「要是懂得如何思考及安排生活，你就等於完成了最偉大的工作。」

——文藝復興時期法國作家蒙田

任何成就都是從最基礎的地方做起，多花一點時間安排跟計畫，人生將會有很大的不同。人是很容易懶散跟猶疑的動物，因此更需要計畫幫助我們督促自己，提醒自己該在什麼時候做什麼事。

任何的成就都是從小處累積，慢慢堆積成偉大的成就，沒有一蹴可幾的成功，也不可能一覺醒來世界就完全改變，想要改變自己的生活，還是得靠遵循計畫一步步實現。積極的行動才能讓生活充滿活力，妥善地安排工作，沿著軌道進行，我們才不會平白地浪費掉許多無謂的光陰。

智慧小語

懂得安排生活和工作，等於替自己打下良好的基礎，讓人生的方向不致偏離。

「從未遭遇失敗的人，對自己或別人都是一知半解。」

——英國文學家米爾頓

約翰·米爾頓是十七世紀繼莎士比亞之後，堪稱最偉大的英國詩人之一，同時也是一位革命家。從英王查理一世命喪斷頭台，清教徒建立共和政體並主掌政權，一直到一六六〇年，英王查理二世復辟並奪回政權爲止，在這場奪權戰中，米爾頓正是與英國保皇黨衝突不下的圓顱黨黨員之一。

圓顱黨或清教徒認爲政治權力與經濟利益應有較平均的分配，而不是只集中於少數人身上，每個人也都有資格直接與上帝溝通。由於米爾頓是個虔誠的清教徒，因此他認同克倫威爾所統治的新政府，極力反對任何在神與人之間設置柵欄的宗教組織。米爾頓以及其他革命份子這種支持新政府與新信仰模式的態度，對英國生活的各個層面產生極大的影響。

在政治爭奪的關鍵過程中，米爾頓曾說：「從未遭遇失敗的人，對自己或別人都是一知半解。」這句話正是對所有奮鬥者的一種激勵。失敗可以說是一種經驗值的累積，人生中如果缺乏這樣的經驗，相信所看、所思也無法進入更深的層次。一帆風順的人生，反而使人無法對人世間的喜怒悲傷有更深刻的感受。

經驗是人生中極重要的一環，所有的成長跟洞悉能力都是由此展開。人們一方面學習別人成功的經驗，另一方面也從自身的挫折中吸取教訓，任何的成就都是從這個過程中不斷修正得來。

事實上，就算是向一個最睿智、最成功的商人拜師學習，也未必可以達到相同的境界，這說明了每個人的能力和做法不盡相同，此外，境遇也會有所差別，假如光想著跟隨別人的腳步，恐怕最後只會落得「畫虎不成反類犬」的下場。

因此，在人生旅程中，面對各種不同的際遇，還是需要自己一步步克服，才能成爲自己本身的經驗，也是最適合自己的成功法門。挫折正是認清自己最好的修練，只有透過自己的失敗經驗，才能累積知識，獲得眞正的力量，對事物才能發展出一套有系統的理念，如此才是眞正開創出一條光明的人生之道。

智慧小語

只有從挫折中獲得的領悟，對人生才眞正有所助益。

#「我知道得越多，對自己的知識就越不確定。」

——德國科學家愛因斯坦

俗諺說：「半瓶水叮噹響，滿水的桶子卻安靜無聲。」這句古老的諺語和本文所選的愛因斯坦名言角度雖不同，旨意卻十分接近。越是聒噪炫耀的人，越是顯示出他的無知，只有功力深厚的人，才懂得低調，因爲他們瞭解沒有人能眞正達到一百分的境界，即使他們在別人眼中已經夠優秀了。

如果不是深具智慧的人，又怎能明白這個道理呢？人都是由淺薄走向深刻的過程，由於不斷地的成長，回顧以往時，都會爲自己當時的自以爲聰明而感到汗顏。也因爲懂得越多，反而越能瞭解到自己的不足，以及「人外有人，天外有天」的無限境界。人們只能讓自己更加進步，卻永遠也無法達到完美的境界。

世界是一個沒有止盡的探索，當智慧進步到一定程度時，我們的視野也隨之寬廣，透過對自己的深入瞭解，反而能看到本身更多不足的地方。在無窮無盡的知識疆域裡，單憑一個人的力量是無法窺知世界的全貌，也因此，即便是被全世界視爲最聰明的頂尖人物——愛因斯坦，也會感慨地說出這麼一句話，更別提平凡的我們了。

只有透過不斷學習的過程，才能讓我們更接近目標，而不會因爲一個小小的成就而自滿，停止前進的腳步。人生有追求不完的目標，這些都要靠持續的努力去慢慢達成。

智慧小語

知識的成長讓我們瞭解世界的浩瀚無窮，也正是這種認知讓人懂得謙卑。

「我們對自己的評價，以潛力為準；別人對我們的評價，則以成就為準。」

——美國著名詩人朗法羅

朗法羅出生於一八〇七年，是美國重要的詩人，深受國內讀者的喜愛。他結合淵博的學識和對人性透澈的觀察，將美國小市民的生活現狀以及人生理想編織入動人的詩篇中。

朗法羅所說的這句話，充分表現出對個人本質上的重視。一般人都只會看別人成功的一面，卻不會去注意他努力的過程，然而假如沒有背後的努力，又怎麼能交出漂亮的成績單呢？與其等到別人看到成果之後給你肯定，不如自己先肯定自己，只有當你爲自己加強信心，培養出讓自己滿意的條件時，成功才會隨之而來。否則，不經由實力而得來的功名，只會像泡沫一般迅速消失。

有實力最重要，掌聲永遠只是一種附加品，無法使人獲取成就，也不會在努力的過程中一路伴隨著，唯一無法替代的是你本身的信念，因爲只有自己最清楚自己的目標，了解自己的能力在哪裡。掌握住自己的潛力，才能像大海中的船隻，自由地航行。

永遠要以自己的內心爲第一優先，除了本身之外，沒有人可以代替你面對任何事情。切莫太過在意那些虛華的名聲，只要以能力爲依歸，美好的成就也會伴隨而來。

智慧小語

你的能力可以達到什麼地步，唯有靠自己去證實。

「即使擁有再多的榮華，假如沒有人衷心地為你高興，怎麼算真正的快樂？」

——羅馬政治家西塞羅

人是群居的動物，不管你有多喜歡獨處的感覺，終究無法獨自生活在群體之外。無論是快樂或悲傷，我們多半會希望有人分享自己的心情。

早期在西方最強盛、歷史文化也最爲豐富的羅馬，出現過許多睿智的政治和哲學家，他們對於人性、生命與智慧的詮釋，富含哲思，一直流傳至今，成爲西方根深蒂固的哲學思想，也是他們世代教育的基礎。大部分的西方人都具有獨立思考的精神，也有分享的觀念，這都要歸功於當時那些智者所傳承的思想。

這些道理經過數百年後，在現今的社會裡依然適用。身爲人類，你我都無法摒棄固有的天性，那就是——人是群居的動物，沒有人可以單獨存活，而不跟社會或他人互動。因此，假如想要脫離群體，認爲可以憑藉自給自足而免去外在世界的紛擾，那就顯得太天眞了。

事實上，孤獨的人必然不快樂，就算他擁有全世界的財富，也無法找到眞正的幸福。人都需要同伴們的陪伴，當你覺得愉悅時，身邊如果有人能跟你一起開懷大笑，你會覺得那種快樂是加倍的。好比舞台上的表演者，他們最需要的也是掌聲，因爲唯有與他人產生共鳴，才足以證實自己的才華，肯定自己是個傑出的藝人。

因此，我們不要吝於分享，當自己比別人擁有更多時，要能將利益分給別人，當身旁的人也感受到你的幸福後，你的快樂才是踏實的。

智慧小語

無論快樂與悲傷，我們都需要和人產生互動，不但讓幸福加倍，就算有困擾也能隨之減輕許多。

「擔負責任是艱辛的，但它也是一種榮耀；責任越大，越能散發光輝。」

——普魯士王國首相俾斯麥

現代人似乎對責任感比較淡薄了，覺得最好能「無事一身輕」，越是這樣，也越顯得無能起來。這也是為什麼大部分的人只能替人工作，一輩子當員工，其中能脫穎而出的人卻是少之又少。從歷史的軌跡來看，通常成功的企業家或是偉人，無不肩負著使命感，也因為肩上的責任重大，更能激發出他們無比的潛能，因此創出轟轟烈烈的事業，為世人所稱道。

責任固然是一種壓力，但是缺乏壓力的人，也少了一份動力，因為舒適的生活容易讓人懈怠，沒有後顧之慮自然就不會想更進一步。當我們知道必須為他人的幸福而努力時，動力往往會大過單純只為自己著想時的力量，雖然當下可能覺得辛苦，但假如沒有那股沉重的負擔，可能一輩子都會在原地踏步，終致無法闖出任何的成就。

一般來講，有能力的人，肩上的擔子也越重。光看一家公司的經理，他所要負的責任就比下屬要大很多，甚至可能負擔了一整間公司的未來，並非光是個人收入的多少而已。

反過來看，最不用負責的人通常都是最無能力、最弱勢的族群，好比人生中的幼兒階段，既然連獨立生活的能力都沒有，自然沒有人會認爲他應當負任何的責任。因此，如果一味地想逃避責任，不就等於把自己降爲跟弱勢者差不多的地位嗎？

如果把人的成就跟能力看成公司裡的階級，你會希望自己是最基層的員工，還是最頂層的決策者？當你握有權力地位時，責任也最重大，因此讓我們學著把肩上的重擔看成對自己能力的肯定，將責任轉換成生活前進的動力，如此也就能欣然接受，並且樂於接納這樣的重責大任了。

智慧小語

肩負的責任越重，表示能力越強，應該把它當成一種成長的動能，無怨無悔地接受、做好它。

「從不曾有過敵人的人，絕不會擁有朋友。」

——英國桂冠詩人但尼生

這句話看來衝突，但卻是現實生活上再眞實不過的眞理。生活中不光是交情好的朋友，不時也會出現敵人，他們可能是你工作上的競爭對手，或者與你利益衝突的對象。有時，朋友跟敵人也只是一線之隔而已。

有些人會遭遇到好朋友的背叛，但在敵對關係發生以前，你不是曾經認爲他是你最要好的良伴嗎？爲什麼到後來卻會讓你深惡痛絕，感到錐心刺骨呢？其實，越是要好的朋友，在個性或能力上，也就越相近。簡單來說，當你們立場一致時，看法相同，當然能互相分享，交情好到沒話說。但是一旦涉及利益衝突時，你們也必然會成爲勢均力敵的對手。

人不免自私，因此也免不了競爭，人人都希望贏過別人，所以敵對的狀況也就不斷產生。但是也因爲這些競爭對手，才能讓我們有努力超越的動力，更明白自己所追求目標。簡而言之，你的敵人越多，就代表你的目標越令人羨慕，而實力堅強的對手，正是挑戰自我最好的標靶，你可以把他當成敵人，也可以認爲他才是你眞正的朋友，因爲這樣實力強大的競爭者，正好幫助你激發出更大的潛能。有時，你不得不感謝那些敵人，沒有那些刺激，就不會有成長。當你瞭解這些後，誰說敵人不是你最好的朋友？而你的好友，也許有一天也會成爲你競爭的對手，所以，隨時做好準備吧！

智慧小語

成長的刺激來自實力相當的敵人，朋友有時候也會成爲你競爭的對手，朋友與敵人不過是立場的不同而已。

「多花點時間在選擇朋友上，否則將來就必須花費更多力氣絕交。」

——美國政治家和科學家富蘭克林

朋友的確在我們成長的過程中與我們息息相關，我們可能不會把心底的秘密和理想告訴家人，卻會跟朋友分享。家人或許是天生注定好的，你我無從選擇，但朋友卻能因爲環境和性情相投而聚合，人人都可以選擇要跟誰親近或與誰疏離。

尤其等我們長大獨立，走入社會後，朋友更爲重要，他可以成爲我們生活上的導師，甚至是事業上的良伴。好的朋友跟貴人一樣，可以幫助我們更好，在我們低潮時伸出雙手，在我們得意時鼓掌慶賀。反之，遇到不好的朋友，卻有可能讓人一蹶不振，甚至走向失敗的命運。

在社會上有許多不良組織招攬年輕人，打著「你最好的朋友」的假象，讓沒有家庭溫暖的弱勢青少年在那裡得到友誼的支持，然而背後卻隱藏著重重的危機。這些不懷好意的人會先假裝是誠懇的朋友，想辦法奉承、接近，使人在一開始時，很難分辨對方的假意，但如果發現對方顯得格外熱情，從不說你不好，這時就要小心了。

有心機的朋友可能在某個時刻，抓住機會毀掉你一生，只爲了他個人的私利。至於另外一種，或許不是故意害你，但因爲本身的品德有瑕疵，會影響我們的判斷，將我們的思想觀念導到偏邪的路上，使我們最後也得爲此付出代價。因此，若不幸挑選到壞朋友，損失並非只有一時，而是長期的，因爲這些人會「竊取」你許多的隱私，讓你必須花更多時間去擺脫他。選擇眞正的朋友，的確需要長時間的觀察，並且謹愼地相處，才不會嚴重干擾到我們正常的人生。

智慧小語

預防勝於治療，放在朋友的選擇上也是同樣的道理。

「最能施惠於朋友的，往往不是金錢或一切物質上的接濟，而是那些親切的態度、歡愉的談話、同情的流露和純真的讚美。」

——美國科學家羅莎琳．富蘭克林

人都需要溫暖的情誼，在我們落寞時給予鼓勵、快樂時共同分享，一個好伙伴會讓我們的生命加分，沒有人會希望自己孤單地走在人生的路上。因此，適時地情感交流，比任何物質來得重要。

也許有人會認為，人是彼此利用的，既然如此，為什麼不和那些可以為自己帶來利益的人往來，對自己好處多多。一位知名的企業家曾說過：「人需要有錢的朋友，也需要沒錢的朋友。」利益不過是生活中的一個小環節，假如與人交往是以此為出發點，彼此的互動將只會停留在表面關係上，缺乏實質的關懷跟交流。

這樣的友誼，表面看來似乎沒什麼問題，但卻是令人感到空虛跟疏離的。只有真心相待，困難時相扶持，低潮時互相打氣，才能給人溫暖的感受。每個人都需要人與人之間的互動，有時候只是簡單的一句話、一個動作，卻可能改變對方的一生。

因此，我們千萬不要忽略了對朋友的眞實情感，眞誠的鼓勵遠勝過物質，眞正的關心是不能用金錢來購買的，只有內心的力量才能改變人的一生，給予人希望和快樂。切莫扭曲了友誼的價值，也不要吝於對朋友付出，因爲這都是對等的關係，也讓我們生存在一個充滿幸福的環境裡。

智慧小語

看待人與人之間的關係時，不要過度地利益掛帥，眞正的情感交流才是友誼的基礎。

「快樂的祕訣就是——千萬不要讓你的精力停頓。」

——西班牙藝術家畢卡索

畢卡索是世界知名的畫家，也是少數有幸能在生前就揚名世界的藝術家。有關畢卡索的生活傳說十分豐富，也曾被改編成電影，但他之所以聲名不墜，作品廣爲人所推崇，其實跟他一生對藝術的狂熱有關。

生爲一名藝術家，最大的弱點就是容易墮落、頹廢，能一直保持精神活力的人並不常見。從這麼一位成功的藝術家口中，我們才明白到快樂的泉源，這的確值得我們引爲遵行的準則。若能永遠保持一股活力，善用每段光陰，不輕易蹉跎歲月，積極行事，必定會發現：在這不斷行進的過程中，樂趣也像湧泉一樣源源不絕。

有人說：「樂在工作。」其實也是一樣的道理，懶散的人無法感受到成就，人生也不過是一段荒廢的過程，即使有再好的物質享受，也容易感到空虛。舉例來說，我有一個朋友，生活在一個熱帶的度假海島上，然而她每天還是跟一隻忙碌的蜜蜂一樣，在日常生活中排進一堆行程：打網球、幫朋友布置生日會、請工人維修電器、到城裡購物：

……等等，我幾乎不會看到她悠閒地躺在陽台上無所事事。也許有人會覺得大可不必這樣，但是，在她忙碌的背後，卻同時開啓了許多人際關係的大門，居家環境也永遠保持著秩序和整潔，這不是讓人生活得更舒服嗎？

積極的人可以從中得到生活上的充實，無論在哪方面都能獲得一種成就感，其生活必定不會無聊，就算不是專注在事業和賺錢上，也同樣能得到豐碩的回報。

智慧小語

快樂有時是從實踐中得來，對生命充滿活力的人，永遠可以挖掘到人生的樂趣。

「你熱愛生命嗎？那就別浪費時間，因為時間是組成生命的原料。」

——美國政治家和科學家富蘭克林

富蘭克林是美國極富盛名的政治家與科學家，他這句話背後有段故事，來自於他生活中的一段小插曲：有天他的書店裡來了位男士，這位男士猶豫了將近一個小時，才終於開口問店員他選中的一本書要價多少。

「一塊美金。」店員回答道。

「一塊美金？」這人遲疑了一下又問道：「能不能便宜一點？」

店員回道：「沒辦法，就是一塊美金。」

於是這位顧客躑躅了一會，接著又問店員說：「那請問富蘭克林先生在嗎？」

「他在印刷室裡忙著呢！」

在這名顧客的堅持之下，富蘭克林被找來了。

這位顧客對他說：「富蘭克林先生，這本書最低可以開價多少呢？」

「一塊二毛五美金。」富蘭克林毫不思索地回答。

「什麼?但是你的店員剛說一塊美金呀!」

「沒錯,」富蘭克林說:「但是我情願給你一塊美金,也不願意離開我的工作崗位。」

這位顧客聽了大驚失色,心想還是趕緊結束這場議價算了,於是便說道:「好吧,不如這樣,你再開一個最後的底價。」

「一塊半美金。」富蘭克林這會兒回答道。

「怎麼更貴了?你剛不是才說一塊二毛五嗎?」顧客急忙問道。

「對,但是蹉跎了這麼多時間後,我現在必須賣一塊五美金了。」富蘭克林冷冷地說完。最後這名客戶只好乖乖地把錢放在櫃檯,摸摸鼻子離開了。

對於一名認真工作的人,時間就是金錢。有理想卻沒有實際的行動就是空談,人們都要對自己負責,把握時間,不輕易浪費光陰。生命的組成來自時間,片段的時光又組成一長串的歲月,如果我們不好好利用時間,過段時間後回頭看,會發現生命將是一片空白。

智慧小語

想讓生命發光發熱,就要從珍惜時光做起。

「讓我們只為今天而活吧！別想要一下子就把人生的問題解決，要不畏懼死亡、不怕享受一切美麗的事物，更不怕相信一切至善。」

——英國科學家牛頓

英國的數學家兼物理學家牛頓，畢業於劍橋大學，他最為世人所知的就是發現萬有引力定律及牛頓運動定律，爲後代力學的基礎。此外，他對於光學及天文學也有諸多貢獻。他所提到的這句話，正是活在當下、盡情生活的最佳寫照。

很多人都很急躁，希望馬上看到未來的成就，也爲自己編造許多的美夢，似乎想著未來就可以忘記眼前的一切問題。說起來，這樣的心態是非常不切實際而且浪費生命的。生命中有各個階段，我們肩負著各階段的使命以及任務，年少有年少該做的事，成年人有成年人的責任跟義務，若總是迫不及待想跨越到另一個階段裡，就像青少年不充實知識卻急著想做成年人的事，只會產生更多的不適應，並失去屬於他們的歡樂。

要讓自己活出快樂和充實，就得把握當下，解決眼前的問題，做好今天的工作，享受今天辛苦得來的一切成果。歡樂不必到遠處追尋，只要從生活周遭去感受、體會，甚至選擇自己製造，這樣就簡單而容易多了；人不一定非得穿名牌華服，或者祈求從誰身上得到禮物，只要保有一顆樂觀而開朗的心，身邊處處都可以是驚奇。讓自己從學習中成長，生命也會更加紮實跟豐富。

智慧小語

從當下的生活做起，享受生命並承受責任。

「善用自己的眼睛，彷彿明天就會突然失明一樣。」

——美國殘障教育家海倫凱勒

美國的教育家海倫凱勒以毅力戰勝聾、啞、盲三種天生的殘缺，在學術上有所成就，並且能對他人有所貢獻。她一生的奮鬥鼓舞了世人，堪稱當代最偉大的教育家。

天生殘障的人會比平常人更善用自己的感官，他們以加倍的毅力在生命中努力，比正常人更多了一份積極跟自信。海倫凱勒就是一個很好的例子，儘管有著又盲又聾的天生缺陷，卻不能阻止她求知的精神和對人生的熱愛。

她之所以能夠成功，或許也跟她在這段話中提到的信念有關，她對生命的珍惜，將每一天都當成特別的一日。相反地，許多人雖然四肢健全，卻經常活得渾渾噩噩，平白浪費天生的好條件，自尋煩惱。

若是能照著海倫凱勒所說的，開始珍惜所看、所聽的，並且用心去感覺，相信對人生將有一番新的體驗，對自己身處的環境也不會再有太多抱怨。當你懂得珍惜自己目前所擁有的一切時，就會去找出方法，讓自己活得更好、更有意義。

切莫老是怨天尤人，處境再怎麼差也是有人比你條件更不利的人，那些人卻仍懂得努力，而自己呢？多把心思用在改造自己的命運上，把每一次的機會都當成上天給予的最後一次機會，那麼，你的用心程度將會爲自己帶來極大的改變。

智慧小語

常以「明天將失去一切」的心態提醒自己，
你就會用心過每一天。

「相信自己的天賦足以完成手邊的工作；並且常問自己，是否已盡全力。」

——法國科學家居禮夫人

法國的物理及化學家居禮夫人一生致力於放射線物質的研究，分別在一九〇三年與一九一一年獲得諾貝爾物理學獎與諾貝爾化學獎。她不屈不撓的工作精神讓研究得以開花結果，而她所說的這句話也提醒著世人：每個人都有他的潛能，對目標的完成度有多少，端看你是否充分地努力過。

切莫以為自己做不到，每個人的能力其實是無限的，只是看你發揮多少而已。任何替自己預設立場的想法，都是侷限自我發展的人，只要願意用心付出，再困難的事情也會變得容易過關。大部分的人之所以會一無所成，都是在還沒成功前就先抱持了悲觀的心態，一旦認為很難就真的會很難，自己先認為做不到，下意識裡就已經判定了自己的結局。

因此，在從事任何一件事情前，心態很重要，懷抱著積極跟自信的念頭，就能幫助你克服種種難關。只要認爲自己做得到，你就會想盡辦法去完成，這時，潛在的能力將被激發出來，而這完全是一念之間的轉變。放在我們對工作的態度上，這個道理也同樣適用，當你覺得非完成不可時，就能夠激發出所有的潛能，最終必能達成目標。

智慧小語

不要認爲自己不行，無法達到目標只是因爲努力還不夠。

「生命像是一齣戲劇，不在長，而在演得好。」

——羅馬哲學家辛尼加

人經常會忘記生命的意義，以爲只是爲了延續一口氣，爲了延長生命做了許多努力，卻忽略生命最重要的價值在於豐富自己的人生。

因爲害怕面對死亡，活得憂心忡忡，活得毫無生趣，這實在不是生命所應該呈現出來的樣子。有些人用「活死人」來形容那些終日行屍走肉、不知道自己活著是爲了什麼的人，如果是這樣，生命對他而言，不過是一種時間的消逝，絕不是愉快和幸福的。

人往往要到面臨生死存亡的關鍵，才會想起自己有許多的夢想還未完成，因之感到後悔，感嘆爲何沒有及早做些什麼。如果可以早點醒悟，把每一天都當成生命中的最後一天，相信會有不同的行爲和態度，甚至能爲人生做出許多的改變。

人生充滿著許多的可能性，這當中要靠自己去挖掘，就像一株新生的幼苗向地面上延伸，它決定自己成長的方向，決定長到多大、結出多少成熟的果實。如果能時時把自己當成一株新生的幼苗，許自己一個未來，圓一個夢，這樣的生命將更有意義，展現出更多樣的風采。

讓我們每天爲自己訂一個計畫，每隔一段時間給自己設定一個目標，讓自己隨時充滿希望和奮鬥的能量，這樣就能生活得更加充實，不再對時光的流逝感到遺憾，生命也更具意義。

智慧小語

我們應該重視生活的呈現，超越歲月的流逝。

「我們往往只憧憬地平線那端的神奇玫瑰園，卻忘了欣賞窗外盛開的玫瑰。」

——美國教育演說家卡內基

老是夢想著遙不可及的東西，就如生活在不眞切的世界裡，將無法體驗到美好的事物。因爲如果連身邊的幸福都感受不到，又如何期望將來那些美麗的時光來臨時，你眞的能夠體會。

老是做大夢的人，雖然擁有了一部老爺車，卻老是對車窗外呼嘯而過的賓士轎車羨慕不已；看到西裝筆挺的大老闆們，不先想想他們的奮鬥過程，只想一步登天地跟這些人一樣。他們的野心總是超過自己的能力，一味地想去得到不屬於自己的東西，可想而知，他們一定無法快樂起來。越是羨慕別人，越是會埋怨自己目前的生活，就像活在夢裡的人一樣，無視於現實的一切。

記得有次應朋友之邀，到一間非常高級的飯店拜訪，在那裡住上一晚足以花掉普通職員半個月的薪水，但令我印象深刻的是，從那樣的房間望出去的窗景，跟從一般房子望出去的景象，也沒有什麼不同。一般人就生活在有錢人的窗景裡，當他們走出房門時，也是融入一樣的世界中。你想像中的財富、名聲，有一天即使得到了，或許會發現：其實那樣的生活也跟常人沒有兩樣，同樣會有煩惱、醜惡和無法滿足的欲望。

一顆鑽石說穿了，也不過是一顆石頭——是一顆比較漂亮的石頭罷了。過多的想像都是受到慾望的驅使，但那些眞的能爲自己帶來快樂嗎？眞正的幸福應該是握在手中，是你可以眞實感受到的，唯有活在當下，從生活裡找尋快樂，那才是眞正的幸福吧！

智慧小語

眞正的幸福不用遠渡重洋，也不用花大錢，
要的只是對生活多一點關心。

「生命充實，才算是長。」

——義大利文藝復興時期藝術家達文西

電影「紫屋魔戀」裡，當女主角要求她的先生喝下一瓶珍貴的長生不老藥水時，這位由傑克尼克遜扮演的丈夫用痛苦的表情回答：「我活那麼久要做什麼？」這句話說得真好！事實上，只有那些一生投注在研究或事業上的人，才會覺得時間對他而言永遠不夠用，他們需要更多的生命來發展更多的成就。這樣的生命是值得的，也讓人活得有價值，否則再長的生命卻過得平淡無奇，充其量也不過像「活死人」般無聊，不過是一口氣的延續而已。

許多人都希望長壽，也不斷追求那些「長生不老」的祕方，卻經常忽略了把握當下的光陰。你活得快不快樂？是否有成就感？人生有沒有目標跟方向？其實這些才是我們眞正要重視的地方。一個生活快樂的人，每天都充滿希望，只要眼睛睜開，就覺得有好多新奇的事物等待著發生，這樣的生命遠比漫長而無聊的活著要來得有意思多了。

善於利用時間，盡情在有限的生命中發展自己的潛能，讓它發光發熱，提升自己生命的價值，你就能享受時間帶來的美妙改變，而且樂在其中，一切無關乎生命的長短。

珍惜跟善用每一分、每一秒，生活將不會是一成不變的沉悶，也等於爲時間創造出雙倍的價值了！

智慧小語

努力在自己的職責上有所表現，才能活出生命的價值，此時生命的長短也顯得無關緊要了。

「人生當中真正具有價值的目標有兩個：一是必須設法得到你想要的東西，一是要試著享受你已經得到的好東西。」

——美國教育演說家卡內基

卡內基說出的這兩段話，道出許多人的迷失。在生活中，我們往往可以看見兩種極端的例子：有些人理想過高，是活在夢裡的不切實際者，他們看不見身邊的美好，總是張望著無盡的遠方，一心想著「有天我成了○○，就可以○○」；另外還有一種人是樂觀過頭，他不會去強求，把一切歸諸命運，而不去努力爭取，鴕鳥地抱著「得之我幸，不得我命」的消極心態，但也因爲太過宿命的性格，平白喪失很多良機。

這世界不是你所想像的那樣平順，時時充滿著競爭，稍一不慎就會被淘汰出局。我們的成就感不是來自於被動的言行，也並非一切歸於「天命」，而是滴下汗水去達成目標，在克服種種難關後得來的勝利果實。

無法享受成果的人，若不是有貪得無厭的性格，就是一輩子的勞碌命，生活對他們只是無止盡的工作、工作、再工作。其實人生的目標不就是追求成就，接著享受人生嗎？缺乏任何一項，將使生命變得無比空虛，人生的天平也就失去了平衡。

懂得生活，知道自己想要什麼，這才是人生，能讓人感到無比的滿足。

智慧小語

懂得享受成果，才更能體會到追求的眞義。

「生我者父母，知我者鮑叔牙。」

——春秋時期齊國宰相管仲

春秋戰國時期，管仲與鮑叔牙是至交，兩個人合夥做生意，管仲出資少卻分較多利潤，鮑叔牙知道管仲是因爲要奉養年邁的母親，而非出於個人的私欲，因此也不計較。此外，每當鮑叔牙採取管仲的建議卻遭遇失敗時，他會認爲是時機不對，而不是管仲的問題。有次，管仲臨陣逃脫，鮑叔牙仍然認定管仲是因爲掛念母親，而不是怕死。至於管仲三次被罷官，鮑叔牙也替他找了理由，他說：「是因爲君主昏庸，而不是管仲無才。」

等到齊桓公即位後，鮑叔牙向齊桓公力薦管仲爲相，甘願位居管仲之下。鮑叔牙死後，管仲在鮑叔牙墓前哀傷地說：「生我者父母，知我者鮑叔牙。」

人都希望能得一知交，但是人海茫茫卻是可遇而不可求，也因此管仲、鮑叔牙的友誼一直爲後世所傳頌。當然，每個人都希望能得到像鮑叔牙一樣的好友，但是否我們也能像他這樣地付出呢？

人都是相對的，在得到一件美好的事物之前，自己也應該調整到美好的境界，如此才能吸引良善的人主動親近吧！俗語說：「什麼樣的人交什麼樣的朋友。」從朋友身上，其實可以看出自我的影子，選擇朋友很重要，改變自己更是得到良友的重要先決條件。

智慧小語

謹慎挑選你的朋友，將能得到莫大的助益。

「如果把『晉國』兩個字去掉不是很好嗎？」

——孔子

春秋時，晉國有位農夫不小心丟了頭牛，可他卻像從未丟過什麼值錢的東西似的，成天還是笑口常開。旁人看了很不解，問他爲什麼不去找回那頭丟掉的牛隻？農夫笑笑地回說：「反正牛是在晉國走失的，肯定是給哪位晉國人牽去了，既然牛還在晉國，我又何必費心呢？」

孔子聽了這件事後，說道：「如果把『晉國』兩個字去掉不是很好嗎？」同樣的事傳到老子耳中，老子感慨地說：「要是再把『人』字去掉就更好了。」

看來老子的想法似乎比孔子更海闊天空，不過，兩位偉大的思想家其實都給我們上了一課，提醒我們不要爲了已經失去的東西，而過度沉溺在悔恨之中。財來財去，當你爲一點損失而一直處在鬱悶的狀態時，恐怕失去的不只是那筆金錢而已，連帶生活也被影響到了。因此，如果能像晉國的農夫一樣，凡事看得開，那麼你的損失也僅止於此而已。

換個角度來看，也不妨把損失當成多餘的東西，也許你用不著，卻能給更需要的人去運用；或者當成是給自己的提醒，讓它提醒你的粗心大意，如此也算是一件好事，這麼一想，不就放寬心了嗎？

智慧小語

凡事想開一點，就不會因為執著在得失之間而苦惱了。

「苦樂全在主觀的心，不在客觀的事。」

——中國近代政治思想家梁啓超

梁啓超別號「飲冰室主人」，生於清穆宗同治十二年（一八七三年）。他十七歲中舉人，拜於康有爲門下。清末鴉片戰爭爆發以後，中國成爲各列強的侵略對象，幾乎完全淪爲殖民地。當時康有爲、梁啓超、譚嗣同等人，便向光緒皇帝提出中國應該仿效日本維新，遂發起戊戌變法。不料百日後，慈禧太后發動政變，幽禁光緒帝，康有爲、梁啓超等人也成了通緝對象，紛紛逃亡海外。

歷經清朝末期的動盪與不安，梁啓超對人心自有一番獨特的見解；他強調自信心的重要，認爲人應該永遠肯定自己，更要超越旁人的眼光，因爲別人不能代替你過人生，唯有自己才是命運的主人。

雖然聽起來殘酷，但這世界確實充滿著嫉妒與競爭；一旦成就比別人更高，或者地位高於他人，周圍總是會引起許多閒言閒語，如果太在乎那些流言，只會讓自己活在別人的看法裡，不只會累死自己，對生活也毫無幫助。越是有人否定你的立場，就越應該證明給別人看，這才是積極正向的思考。千萬不要輕易服輸，要用行動來證明一切，相信自己可以更好。不要讓任何人輕易打倒你，認同自己，依照自己的目標前進，不受到他人左右，而是反過來讓別人不得不認可你這個人，那就成功了！

智慧小語

凡事都掌握在自己手裡，相信唯有自己能決定自己的命運。

第七篇

▸▸破解成功的一句話

「最偉大的將軍就是犯錯最少的那一個。」

——拿破崙

沒有任何人的決策可以天衣無縫，再優秀的人也不可能在自己的領域中始終保持第一。只要看看國際上的運動選手，即使能衛冕兩次，也不可能一輩子保持冠軍地位而不墜，連拿破崙這樣的名將都有如此深刻的體會，這個道理當然更值得我們後人作爲行事的參考了。

世上很多優秀的人才，經常因爲一次的失敗，從此一蹶不振，或許因爲他們自知跟平常人不同，而自己本身也深刻地體認到這一點，所以給自己的壓力也特別大，導致最後無法承受一點點的失敗，只要出現小小的缺陷便成爲不可忍受的終身缺憾，就此纏繞一生。對此，或許可以解釋爲——越是智慧才能卓越者，他們的包容力也顯得越低，乃至無法承受一絲的壓力。

不久前，新聞也曾經報導過一名第一學府的高材生，因爲考試成績達不到前幾名而跳樓輕生。許多人對此感到不可思議，但是如果能站在另一個角度思考，或者就不難想像爲什麼這名學生會有這樣的行爲了。然而，這畢竟是種錯誤的舉止，不值得大書特書。這些人之所以無法超越自己這一關，就在於他們空有優秀的天分，卻沒有足夠的智慧來應對。

因爲世上沒有完美的人，也因此不可能有百分之百完美無缺的表現，一個人可以對自己以高標準來要求，卻不可能達到完全零失誤、零缺點，只要將犯錯的機率減到最低，就能越接近「完美」，也足以成爲超越許多人的領先者了。

智慧小語

減少失誤，就能提高贏的機率。

「失敗是堅忍的最後考驗。」

——普魯士王國首相俾斯麥

忍耐和毅力是成功的要件之一，要有不容易被擊倒的韌性，才能度過失敗的危機，與勝利爲伍。

這世界向來是強者的天下，唯有他們可以控制自己跟別人的命運，而堅忍就是強者的特性之一。不輕易被挫折擊倒、不服輸、不認輸的性格，主宰著他們致勝的命運。

有些人只要一遭遇到失敗，態度立刻變得消極頹喪，彷彿自己是天底下最倒楣的人，整天自怨自艾，無法突破。事實上，只有當我們認爲那是失敗時，它才能將我們擊潰，如果只是視失敗爲人生中的一道關卡，想辦法解開，通過之後又將是一個全新的世界。

輸家和贏家最大的不同就在於——贏家不會盤旋在谷底太久，輸家卻認爲這就是他的終點站。想要要改變命運，就應該向贏家學習那種死不認輸的精神，以毅力跟決心幫助自己度過難關。只要能堅持到底，光明與希望必會再次出現。

智慧小語

要有忍受挫折的意志，才能從低潮中爬起。

「偶爾要適度地冒險，但這和草率下決定絲毫不同。」

——美國巴頓將軍

第二次世界大戰中，巴頓將軍是少數令德軍聞之喪膽的將領，他善用坦克部隊，因此有「坦克將軍」之稱。在一九四三年七月的西西里戰役中，巴頓的裝甲部隊結合大規模的機動和兩棲作戰，最後攻克巴勒莫，奪取墨西拿，並將德軍完全驅逐出該島。

巴頓將軍敢衝敢闖的行徑，雖然爲他自己帶來不少功績，但是卻完全不能視之爲莽夫。他的出手往往來自規劃好的藍圖，再加上決心去實行。因此這位知名的將軍也才會說出這樣一句充滿智慧的話語，可見他不是僅靠蠻幹闖出名號。

事實上，莽夫跟英雄最大的差距就在於事前的計劃。雖然就外在的行爲上，兩者看起來沒有什麼差別，都是極具勇氣跟膽量的舉動，但是結果卻是完全兩極。

成就大事本身就需要具有冒險性格，否則再好的念頭也不過是紙上談兵罷了！然而，出手前還是得把「腦袋」帶著，只有運用智慧跟勇氣，才能成功出擊。

智慧小語

在當一個冒險家之前，先問自己做好準備了沒。

「真正的成功只會帶來榮譽，而真正的失敗卻會帶來真正的勇氣與力量。」

——英國探險家勞倫斯

托馬斯・勞倫斯生於英國，曾在中東地區進行考古探險工作，此外，他也是軍人，更是阿拉伯語專家以及作家。勞倫斯曾率領阿拉伯人抵抗土耳其統治，成為帶有傳奇色彩的領袖，人們也稱他為「阿拉伯的勞倫斯」。

每個人對成功的定義不同，但一般大眾對成功的看法卻停留在比較表面，好比財富和名聲等等。然而，勞倫斯卻把成功當成一種榮耀，認為只有如此才稱得上是人生眞正的勝利。他認為失敗能激起正面的能量，因為挫折的考驗對人深具意義，絕不只是令人頹喪的事情而已。

如果我們把這樣的見解放到生活中，在很多方面都可以找到遵行的依歸。舉例來說，你可以把成功的定義改變一下，人生不一定要致富或是得到最高的職位才能算得上是成功，才足以贏得他人對你的肯定，其它像是品行、乃至為家庭或為人類創造幸福，這些都可以看作是一種榮耀。

早些年有所謂的「好人好事代表」或「孝親獎章」等等，如今這些似乎都已經被社會所忽略了，物質的追求勝過一切，人人都只向賺大錢的人看齊，這讓人的內心變得十分空泛。回頭看看歷史上一些爲人所稱頌的人物，莫不是在自己擅長的領域內創出一番令人讚嘆的事業，沙場上的大將、科學家、藝術家……等等，如果人類的歷史文明少了他們，可能就了無價值了，而這些也都是一種成功的代表。只要我們能在自己的工作崗位上盡心盡力，當然也算是一種成功！

因此，把失敗當成教訓，對成功和失敗產生新的認識，這將有助我們推展人生的正面意義。

智慧小語

失敗的另一種意義，就是督促我們學習跟反省，幫助我們打造成功的基石。

「最困難的時候，就離成功不遠了。」

——凱薩大帝

玩遊戲的時候可能會發現：遊戲剛開始簡單，越接近奪冠，就會漸漸變得複雜起來，以致大部份的人到了這裡就會過不了，而這也就是淘汰賽的原理。

人生中也是同樣的道理，當我們起步時，要跟一些初級班的人競爭，當然顯得容易，等到一路過關斬將，身旁的競爭者逐漸變少後，這些人都變成菁英份子，如果沒有更嚴苛的考驗，就難以從中勝出，這個挑戰當然是更加困難了。

很多的希望都是在絕望中產生，正因爲要邁入另一個階段，也才會有所謂瓶頸的產生，越是困難重重，越能展現出人生的轉機。要變得更好，還是要停留在原地，就看這關卡衝不衝得過。

因此，不要因爲事情看似無法解決而氣餒，要把超越自我的極限當成一種挑戰，這些都是成長必經的過程，把超越障礙當成一種訓練，想著後頭甜美的果實，你就會認清這些困難的考驗，其實是成功將近的訊號。

智慧小語

「難」與「不難」都在人的一念間。

「勝利屬於最堅忍的人。」

——拿破崙

在沙場上征戰，需要的正是無比的勇氣跟毅力，這跟我們在人生中的競賽是一樣的，只有能堅持到最後的人，才可以到達勝利的彼端。

恆心往往比智慧的高低更重要，沒有耐性卻十分聰明的人，未必可以成功，因爲哪怕起點做得再好，半途而廢還是只能回到原點。再聰明優秀的人，如果沒有持續地發展自己的優勢，終究會在過程中落後。

我們都聽過「龜兔賽跑」的故事，從故事中我們了解到：即使開始時處於劣勢，只要持續地努力，最後也能成爲贏家。因此，你我無須羨慕那些看似反應極佳的人，因爲智慧只是給人靈光乍現的一瞬間，至於是否能貫徹到底，還得仰賴自己的耐力。

許多原本不被看好的人，經常在人生或事業的賽程中，有出人意表的表現；反倒是一些看似聰明的人，卻被他們自以爲是的心態給擊潰。不論天生資質優劣，只有恆心毅力可以將人帶往成功的境地。

智慧小語

能夠堅持到最後的人，也是成功的候選人。

「唯有面對困難或危險時，才能激起更高一層的決心和勇氣。」

——英國海軍納爾遜將軍

不敢踏出一步的人，永遠只能侷限在當下的格局中，就像只在住家附近活動的人一樣，他所接觸的人群跟眼界永遠無法拓展，久而久之漸漸只能說些三姑六婆的話，無法提升。人不可能在順境中成長，太過安逸的環境反而會消磨掉人的志氣。

要有所成就必定得面對許多的挑戰，包括各類競爭的對手、各種看似無法突破的難關、或是接近崩潰的困窘處境等。看在一般人眼中，這實在太危險，很容易使人打退堂鼓，但對於那些有心想成功的人，卻是摩拳擦掌，把它當作「過五關斬六將」的遊戲。只有勇於接受嚴厲的考驗，才能證明自己的能力，也才能一次又一次超越自我，往目標前進。

引導人們邁向文明的科學，不正是透過科學家們不斷嘗試、失敗、再嘗試的成果？假使沒有那些失敗，又怎麼能找出可以修正的弱點？每一次的挫折其實都是一個機會，讓我們從中學習到更完美的方法，並且從失敗中累積更多的經驗，找出正確的處理模式。

成功絕不會自己送上門來，唯有靠不斷地修練，大膽地嘗試，才能找出通往成功的那條明確道路。這過程中，人們也在無形中得到成長，慢慢訓練自己成爲經驗老到的好手。只有不被挫折擊倒、將失敗轉化爲智慧的人，才能成爲最後的贏家。

智慧小語

贏家會不停地爲成功找方法，而不是爲失敗找理由。

「不，我不是沙皇。」

——俄國沙皇彼得大帝

荷蘭是早期歐洲著名的造船中心，十七世紀時，俄國派遣了一批使節前往荷蘭觀摩，奇怪的是，這群使節不去別的地方，每天專往造船場跑，態度認眞地研究造船的一切技巧。原來，當時俄國沒有出海港，彼得大帝迫切希望建立起一支強大的海軍，爲俄國打通海路。

造船廠裡有名身手俐落的俄國年輕水手，引起了大家的注意，他無時無刻都在勤作筆記，研究造船技巧，而來訪的俄國使節們對這名年輕人的態度竟然十分地謙卑。那些荷蘭工人因此竊竊私語，懷疑他就是沙皇。

直率的造船工人等使節走後一擁而上，問那名青年說：「你是沙皇嗎？」

「不，我不是沙皇。」俄國水手回答道。工人們不信，仍舊一直糾纏他，這名俄國水手最後只好申請轉調到阿姆斯特丹的造船廠。然而，他其實正是俄國沙皇——彼得大帝。

彼得大帝凡事親力親爲，甚至曾以平民的身份前往英國、荷蘭等地觀摩學習。此外，他也對俄國進行極大規模的改革，從禮儀、教育和官制下手，興建科學院、辦報紙等等，努力將俄國整治爲一個富強文明的國家。一七〇〇年，彼得大帝發動波羅的海戰爭，和瑞典爭霸，進而打通了通往波羅的海的出海口。彼得大帝還在河口處建立了一座城市，也就是現在的列寧格勒，並且把首都搬遷至此。在經過二十幾年的努力後，俄國徹底擊敗瑞典，掌控了波羅的海一帶，這時，俄國終於躋身歐洲強國了。

彼得大帝放下身段，從基層開始學習，的確是很難能可貴，這也是爲什麼他可以打敗當時強大的瑞典海軍，獨霸一方。如果我們能從本質上去追求、學習，而不是以身份去要求別人給你什麼，相信將得到更紮實的經驗，也必能一輩子受用無窮。

智慧小語

懂得放下身段，才能讓我們學習到眞正的成功之道。

「多好的時機，多好的地點……」

——美國巴頓將軍

一九四四年六月六日，同盟國軍隊於法國諾曼地登陸，在卡恩附近又遭到了德國隆美爾軍隊的攻擊，陷入進退兩難之境。此時，已調任第十二集團軍司令的布萊特雷奉令派飛機將巴頓送往前線，布萊特雷對這位性格火爆的老戰友很不放心，怕他再惹禍端，但巴頓卻心急如焚，積極要求前往參戰，並且一再保證說：「我會老實的，你放心吧！」

於是巴頓就任爲第三軍軍長，並乘勝追擊，一口氣攻到了塞納河。這天，巴頓正在指揮調度用以截斷公路的坦克和裝甲車，布萊特雷卻制止了他，要他停止進軍，否則中止一切補給。

巴頓著急地說：「給我四十萬加侖汽油，我保證十天之內打到柏林。」

布萊特雷聽了只是平靜地回答：「我無權這樣做。」

於是巴頓的坦克部隊燃油用盡，又出乎意料地遭遇到德國的坦克部隊，經過了一夜激戰，屍橫遍野。第二天，巴頓和柯德曼中校來到激戰現場，巴頓撫摸著一輛被打爛了的坦克，對著中校惋惜地說：「多好的時機，多好的地點……」這句話深深傳達了他心底的無奈。

一名良將會知道何時是出手的好時機，並且懂得及時把握住，雖然巴頓在這次的戰役中輸了，但卻是因爲別人錯誤的決策，而非出於自己的錯誤判斷，這是多麼令人扼腕的事！機會稍縱即逝，訓練自己精準的眼光跟判斷，你就能比別人更接近成功。

智慧小語

向成功者學習鷹一樣的視力跟行動力。

「我一生事業成功的祕訣，就是在做每一件事前及早出動。」

——英國海軍納爾遜將軍

這裡提供了另外一種通往成功的方法，就是「及早出動」，掌握先機才能出奇制勝，觀望猶豫不只浪費時間，還可能錯失良機。

這跟個人的行動力也有極大的關聯，一個凡事積極的人，想到什麼事該做時就會去進行，而懶散的人總以爲還有時間，卻因爲這樣的想法而一再蹉跎。如果能確切地掌握每一分每一秒，你就比別人多出許多時間。

上帝分給每個人每一天的時間都是一樣的，端看你怎麼運用，如何創造出更有價值的生命。時時抱持著「不做就來不及了」的心態，提早擬訂計畫，立刻去執行，不給自己任何遲疑的機會，你所掌握的不光是時間的優勢，還有積極的心態，讓你比別人先一步達到目標。

對一個競爭對手來說，贏在起跑點上，就代表你比別人多了一點成功的機會，好比對運動選手而言，時間更是分秒必爭，比別人多半秒鐘，就可能贏得一場比賽。早點行動、擬定計畫，可以讓我們有更充裕的時間去完成工作，也比別人多了一份把握。學著當一名領先者，勝利就掌握在你手中。

智慧小語

贏在起跑點上，你就比別人多了一倍的成功機會。

「『不可能』只存在蠢人的字典中。」

——拿破崙

拿破崙這一位大將，說出的話總是一針見血，乾脆而不拖泥帶水，他的這句話充分道出「信心」和「執行力」在人生中的重要性。

一個人會認爲「不可行」、「自己沒希望了」，不過是爲自己的惰性找理由，因爲害怕失敗，所以總是在事情還沒開始之前，就先存著自我否定的念頭，這不是一種愚笨的心態嗎？事情可能不如你想像的那樣困難，也未必是你能力所不及，要不要成功，完全是看人的意志力，想成功的人就必定會設法達到理想，而老是停滯不前的人，稍微的不順利都可以成爲打退堂鼓的理由。

目標的達成完全看人的心念，看你對自己的信心有多少，願意勇往直前，就會找出許多克服障礙的方法。事在人爲，古人有句諺語說：「人定勝天」，人連天意都可以改變了，還有什麼不能達成的呢？只要有心，人生就無往不利。

找藉口只是於事無補，它不會讓事情有進展，也不會因此得到任何協助的力量。因爲你的意識也同時影響著周圍的人，既然當事人都這樣想了，對身邊的人而言，好像再多份力量也是多餘的。因此，不要將「不可能」掛在嘴邊，而要抱著「一定可以」的信心，成功的路上沒有猶疑的機會，只要堅定地相信自己就能達到成功彼岸。

智慧小語

只要把任何事情都當作可行的，慢慢地「不可能的任務」就會跟你絕緣。

「天才是百分之一的靈感，加上百分之九十九的汗水。」

——美國發明家愛迪生

愛迪生一生的發明多達上千種，然而像他這樣聰明的科學家，靠的卻是驚人的研究精神，因此他一直到八十四歲還能孜孜不倦於發明工作。

根據社會學家統計，從小就表現優異的小孩，長大後成爲社會菁英份子的機會卻是少之又少。這可能是天生優越的智慧，導致他們在性格和態度上無法跟平常人競爭，而無關他們的智商。

進入社會後我們常會發現，那些看似平常，卻肯吃苦的人，反而最能登上高位，過著令人稱羨的幸福生活。因此，就成就而言，那些肯努力的人，正因爲感到自己天資的不如人，所以有超越常人的表現，而天生優秀的人卻可能因爲過於自滿，總是覺得自己夠好了，反而因此被自己的觀念綑綁，最後跟別人越差越遠。

其實智慧的差異只在起跑點的不同，聰明的人在開始時占了一點點優勢，但因爲學習跟努力不足，最後終將被迎頭趕上，甚至被遠遠拋在身後。

古往今來那些被世人肯定的科學家們，他們雖然被譽爲最聰明的傢伙，但他們自己卻常常不這麼認爲，因此永遠保持著一種謙虛的姿態，專心補足自己欠缺的部分，努力在自己的工作領域中做到最完美。所以成功靠的是更多的努力，並非單靠天分就能輕鬆獲致的。

智慧小語

想要超越眾人的成就，跟智商沒有關係，而是在於肯不肯付出。

「征服的過程中若未歷盡艱辛，即使勝利亦不光榮。」

——拿破崙

過一個有挑戰的人生，才能感受到勝利的得來不易，也讓成功的感覺更加踏實。太容易得到的成功，其實未必是來自對自己能力的肯定，反而可能只是出於外來的支援、意外的好運等等，這樣的成就當然無法讓人感到驕傲，也不會引起多大的迴響。

有些人心懷不軌，利用各種奸詐詭計以得逞，即使得到勝利，也是短暫的，終將被世人所恥笑。好比在公司裡，每個人都希望晉升到主管階級，忽然一個空降部隊下來，別人即使表面服從，背地裡卻是充滿怨言，各種不利的言詞也因此漫天飛舞。只有讓人打從心底佩服，靠自己的努力一步步爬升，這樣的成就才是眞正當之無愧，帶領下屬時也能更加順利契合。

靠眞材實料打出的天下，才會讓人感到榮耀，因爲這一路必得經過無數的考驗，等到勝利在握時，成功完全屬於自己，絕對沒有人可以取代跟分割。

智慧小語

贏得他人尊重的勝利，才是眞正的成功。

「大多數人錯失機會，因為機會穿著工作褲，看似需要費很大的功夫。」

——美國發明家愛迪生

「錢多、事少、離家近」，這是現代人挑選工作的理想準則，這些條件乍聽十分完美，然而，既然是人人想要、人人能做的工作，自然也無法凸顯個人的價值。

舉例來說，當主管要分配工作時，總是有一堆人搶著好做的工作，撿到便宜的人接著便會對不幸收爛攤子的人報以幸災樂禍的態度。然而，這些「幸運兒」反而是最不幸的人，他們沒有足夠的智慧去理解：越是困難的工作，越能帶給自己更大的成長。

好比當某個科系或者行業正當紅時，總是有一堆人拚命擠進去，等到要收成時才發現：市場就這麼大，太多人去瓜分後，得到的成果反而少得可憐。至於那些看似冷門，又不易入手的行業，反倒能有一枝獨秀的機會。一般人可能不知道，看似最艱難的部分，其實才是成功的轉機，只有聰明人願意去嘗試，成功自然就非他莫屬了。

智慧小語

我們常看到事情的困難處，卻無視背後的機會，其實面對挑戰才有可能成功。

「跌倒，再爬起來！這便會成功。」

——英國科學家牛頓

成功是從無數次的挫折中累積出來的，面對挫折、容忍挫折，才能從中學習成長。一般人只看得到成功的一面，卻不知道達到成功的過程；因此，與其探討成功者的成就，還不如研究他人成功的歷程。

沒有人可以一步登天，尤其在創新的過程中，不斷面對失敗的考驗是必然的。想比別人跑得更前面，就得面臨風險，而這代表著危機四伏，只能摸索前進，必須克服許多別人沒碰過的障礙，若只是跟著別人的腳步，雖然表面看似安全，卻不足以成爲第一。

在任何地方跌倒，都是一種經驗的累積，沒有這些經驗就不足以成大器。如果凡事平順，大概這輩子也不過是個平庸之人。不怕失敗的考驗，有著運動家的精神，不輕易放棄，最後才能走出屬於自己的一片天空。

智慧小語

有不畏懼風雨的信心，才能堅持到底，完成心中的理想。

「以意志力為友，經驗為顧問，謹慎為兄長，希望為守護神，如此成功就在不遠處。」

——美國發明家愛迪生

意志力、經驗、謹慎、希望，這些都是成功者必備的要件，只要研究史上的偉人或企業家，就會發現：這些人或許不是天才，但絕對具備愛迪生提到的這些性格。

愛迪生雖被眾人視爲天才，但是他自己卻曾說：「成功只是一分的天才，加上九十九分的努力。」如果不是經過多次失敗，也無法累積通往成功的經驗。

當然，在不斷努力的過程中，也要時刻保持謹慎，只要事前仔細想清楚，就可以減少浪費時間在處理不必要的麻煩上，也就多出精力讓自己不斷向前。

不管面臨何種困境，都要永遠懷抱希望，避免因沮喪而停止前進。希望能帶給我們信心跟力量，讓我們無論面臨多大的困難都願意去克服。經常與正面的性格爲伍，自然能夠改變自己的命運。

智慧小語

不要讓性格成爲發展的障礙。

「我就像個在沙灘上玩耍的男孩，開心地沉醉在不時發現更圓潤的鵝卵石或更美麗的貝殼上，而真理的海洋正神秘而未知地在我眼前展開。」

——英國科學家牛頓

「專心」是成功的要件之一，說起來簡單，能做到的人卻少之又少。因為我們擁有著各種感官，太容易讓自己被其它事物所吸引：旁人的話語、物質的吸引、美麗的事物等等，在在都會引起我們的好奇，因此放下手邊原本正進行著的工作。

拿學業來說，除了天才型的人物之外，只要專心一意在課業上，要考個好成績並非難事。還記得小時候曾經在一所補習班上課，某天老師特地留大家作考前預習，進行到一半，突然許多同學衝到窗戶邊，原來是外頭在放鞭炮，當時教室裡一半以上的學生都跑去看熱鬧，只剩少數幾個人還專心一意地看著自己的書。這就說明了人確實很容易受外物引誘，這樣自然很難在學業上有所表現。除此之外，在職場上也是相同的道理，許多人工作換了又換，理由千奇百怪，不是嫌上司要求太多，就是認為同事不好相處，或者公司不夠規模、薪水太少等等，如果心裡想的都是這些外在條件，如何能專心一致培養出專業能力，進而超越別人呢？

大部分能出人頭地的人，幾乎畢生都專注於某一技術上，就算是最冷門的、或是最低層的工作，都可以闖出屬於自己的一片天。好比舊時不爲人所看重的小吃業，如今不知何故突然又風行起來，就連許多碩士、大學生都紛紛捲起袖子來，爲了豐厚的收入，爭相加入這一行。然而他們可能忽略掉，那些看起來賺到翻的小攤子，可是老闆們用一輩子的心力打造出來的。那些人的成功不是因爲行業本身容易，而是他們從未放棄過。因此，專心在自己擅長的行業裡，才是致勝的關鍵。

你我無需羨慕別人，一旦找到自己有興趣的事情就不要輕易放棄、心猿意馬，要堅定不爲外物所動，如此一來，每個人都可以成爲專家，擔任任何行業中的佼佼者。

智慧小語

經常搖擺不定的人，即使天分再高，也會因爲心思分散多處，最後落得一無所成。

「人們把我的成就歸於天才，其實我只是刻苦而已。」

——德國科學家愛因斯坦

愛因斯坦的相對論，以及他對時空的看法，激起了大眾強烈的興趣，他的理論甚至影響到後來原子彈的發明，是大眾景仰的科學家。

對於這樣的成就，他卻謙虛地宣稱自己不是天才。其實舉凡各種領域的名人，他們之所以能創造出影響人類文明的科技，或美麗的藝術、音樂創作等等，都是經過不斷地演練，他們花費了比平常人更多的時間，更專注在自己的工作上。

而所謂的「天分」，只不過是讓我們提早知道自己的專長在哪裡，如果不用「努力」去培養，最終只會荒廢；要知道，成功的路上總是爬滿了荊棘，只有耐得住挫折與辛酸的人才能摘取到甜美的果實。

在各行各業中，充滿著各類優秀的人才，大家都在同一個「天分」的起跑點上，只有比別人付出更多才能超越別人。如果連世上公認最聰明的科學家都抱持著這樣的信念，我們這些凡夫俗子又怎敢憑恃自己的「天分」呢？

智慧小語

任何事情都必須吃苦才有高人一等的成就。

「失敗是我需要的，只有在知道做不好的方法後，我才知道做好的方法是什麼。」

——美國發明家愛迪生

在失敗中學習，是另一種成功的方法。保持積極的心態，就不會讓挫折擊倒自己，而能成爲成長的經驗。人生中的阻礙正能幫助自己看清缺點跟漏洞，提醒自己補足缺失。

人都需要刺激才能找出更好的方法，失敗也是其中之一，它能激發起挑戰的慾望，一旦通過那些挑戰，後頭就有勝利的機會。

要把失敗當成一項考試，從最容易的初試到複試，你必須一步步來，越接近成功的關頭就越困難，唯有不輕易退縮，看清楚失敗背後眞正的意義，你才能輕鬆面對，讓它成爲你成功的踏腳石。

智慧小語

從失敗中找方法，正是達成理想的課題之一。

「良機對於懶惰沒有用，但勤勞可以使最平常的機運變成良機。」

——德國宗教改革家馬丁路德

成功確實需要靠機運，因此有人經常會感到懊惱，哀嘆機會不降臨到自己身上。其實老天爺是公平的，每個人都會遇到改變生命的契機，而成功者就是懂得緊緊抓牢機會、奮力一搏的人。

對於懶散成性的人，即使有大好機會擺在眼前，也一樣不懂得把握，他們總是認為「這樣就夠了」，在還沒有遭受打擊之前，他們可是一點也不在乎。一直要等到看見別人的成功而倍感壓力時，才開始抱怨，只是這時為時已晚。

積極的人不僅抓住機會，還能創造機會，他們把努力擺第一位，禁止等待。「等待」似乎是懶人的專利，積極想成功的人，不會坐以待斃，徒然浪費時間，他們不斷為自己創造成功的條件，在行動的過程中尋找有利的契機。

其實機會就存在我們的四周，它會因為個人的努力而不斷被開發出來，也可能因為個性的關係，而得到意外的好運，然而這對懶惰的人而言似乎太過遙遠。

好運不可能一直發生，比別人更努力，其實就在創造絕佳的條件，在別人看來稀鬆平常的事，對辛勤者而言就足以改變現狀，讓它成爲成功的轉機。

智慧小語

越期待機運的發生，就越不可能得到，即使發生了，也會因爲懶散的習性而錯失。

「要當一個商人，先要學會怎樣當一個學徒。」

——鋼鐵大王卡內基

卡內基是美國的鋼鐵大王，出生於蘇格蘭，十二歲移民美國，年少時在紡織工廠當學徒，成年後因從事鋼鐵業而致富，除了是名成功的企業家之外，更以熱心創辦教育著稱。他曾以自身的經歷奉勸年輕人：若沒有打好根基，即使將來成功了，也是岌岌可危，這就像沒有打好地基的大樓一樣，即便再富麗華美，也隨時可能面臨倒塌的命運。

好比嬰兒的成長過程，不先學會爬，就不可能站起來，接著還要站穩腳步，才能一步一步踏出步伐。事情的起始相當重要，萬丈高樓也要平地起，奠定好的基礎，是所有大事業的根基。許多白手起家的富商，沒有一個不是從學徒開始的。

舉例來說，台灣知名企業家王永慶，他就是從經營小店開始，慢慢拓展自己的事業，而本文所選的鋼鐵大王卡內基，年輕時也做過各種學徒，甚至在火車站販賣報紙等等。此外，還有台灣知名品牌阿瘦皮鞋的老闆，更是從小小的擦鞋童做起。

沒有那些社會底層工作的訓練，他們無法磨練出堅忍的心志，也無法對社會產業有更深入的瞭解。只有最基礎的工作，才能讓我們注意到所有的工作細節，當有機會爬升到頂層時，才不容易踩空。

智慧小語

先當學生才能成爲一名老師，無論在哪個領域上，道理都是相通的。

「成功是一種很壞的經驗。」

——美國企業家比爾蓋茲

比爾蓋茲這句話乍聽之下好像是勸人不要成功，其實只是要提醒人們成功所帶來的負面影響。舉例來說，有些人在尚未發達之前，不但努力、謙虛，更謹慎而平易近人，一旦成功之後，卻因爲被眾人過度吹捧，開始變得自大傲慢。

其實目的不是終點，過程才是人們最該珍惜的財富。追逐成功的過程，是人們成長最快速的時候，然而一旦達到成功的頂峰後，卻會逐漸在掌聲中逐漸失去鬥志，甚至欠缺繼續求新求變的企圖心。除此之外，成功之前齊心合作的伙伴也可能因爲成功後的利益爭奪，而失去舊日互相扶助的情誼，取而代之的是爾虞我詐的生存遊戲和撲朔迷離的人際交往。因此，莫怪乎像比爾蓋茲這麼優秀的科技巨人也會感慨地說出「成功是一種很壞的經驗」這樣一句話。

智慧小語

英雄多半是孤獨的，雖然達到人生的頂峰，但過程中的失去往往出乎人們的預料。

「一個十分確定的好結果，遠勝過一個無窮的希望。」

——美國投資大師華倫巴菲特

華倫巴菲特是世界知名的投資大師，他投資成功的祕訣在於專門挑選老牌而穩定的企業進行投資。巴菲特相信品牌，他認爲一個可靠的品牌，勝過任何獲利說辭，唯有勤奮誠懇的老公司，才是眞正令人安心的獲利來源。他同時也是最有定力的投資人，絕不隨市場起舞，因此長期下來的獲利往往遠超過任何專業投資經理人。「不買沒聽過的公司股票」是他的投資哲學，這使他有別於其他股市投機客，成爲一名眞正的投資大師。

人生不也就像股市的投資嗎？生命就是你的資金，究竟要放在別人畫的大餅上，還是投注於自己親手規劃的藍圖上，一切端看個人的智慧。要記得：別人告訴你的「內線消息」，不一定全是對的，因爲那些常常是過度誇大的廣告詞，如果缺乏判斷力，就可能掉入陷阱中。唯有後者是我們比較能掌握，並且前景看好的方向。

因此，培養獨立的思考能力，善於組織分析情況，這才眞正有助於我們的人生。

智慧小語

做有把握的事，永遠比天馬行空要來得踏實些。

「我的人生中不知反覆了幾次『再來一次』。」

——日本實業家松下幸之助

不被挫折擊倒的人，才是最有資格成功的人物。任何偉大不凡的事業都不可能一蹴可幾，這中間要歷經許多不爲人知的失敗過程。有人在過程中被擊倒了退下陣來，有人卻堅持在錯誤中不斷修正，慢慢的，淘汰者越來越多，而一路往前衝的人也漸漸稀少，一直到最後，成功抵達者才能享受成果。

永遠不向命運妥協的人，才有資格在群眾中脫穎而出，無論是生意人或是藝術上享有盛名的人，他們都可能歷經過無數次絕望的時刻，眼前似乎已經無路可行，但是「堅持」成了他們唯一的一條生路。那是永遠不放棄希望，相信有一天會讓他們找到最正確的方法，只要他們不斷學習，把失敗當成一種學習的過程，跌倒後重新站起來，一而再、再而三，直到傷口結疤，直到摸索出一條能避開所有坑洞跟失誤的道路。

失敗並不可恥，可惜的是失敗者因此懷憂喪志，不肯再給自己一次機會。事在人爲，只有自己可以阻斷自己的前路，因此千萬不要失去再嘗試的勇氣，在未達到目標之前，任何的努力都是可行的，挫折也是必然的，只要想通這一點，相信自然不會輕易放棄任何的機會了。

智慧小語

唯有靠貫徹跟毅力才能讓人超越他人，領先群倫。

「世上的事業，凡缺乏莫大的熱情，就不可能成功。」

——德國哲學家黑格爾

人們常說：「做事情要有衝勁」，但這個衝勁因何而來？其實跟我們的情緒有關。情緒支配著我們對事物的專注程度，當你能對一份工作產生莫名的興奮感，自然會鼓舞你邁向勝利的方向，過程中的風風雨雨也就不會造成你的阻礙，即使再大的問題也不足掛齒了。

要產生對事業的熱情，除了憑藉個人興趣，還有一種信仰或者使命感在裡面，人對自己有興趣的事情，就算不眠不休也不會感到疲倦，這來自內心的滿足感，是旁人所無法體會的。假使我們能找到某一種工作，開始把工作當成樂趣，那種激情自然會引導你投入所有的精力。

至於信仰或使命，這就是更崇高的心態了，它使人肩負著責任，讓人一定得去面對某種命運，像是承受了世人的期望，和自我內心的期許，這股驅動的力量能讓人產生只許成功不許失敗的決心。

如果能把對工作和事業的熱忱轉化成談戀愛一般，進一步愛上自己的工作，那麼不眠不休的投入都不會引以爲苦，如此一來，成功的機會當然非你莫屬。唯一跟戀愛不同的是：愛情無法掌握，但是事業卻會根據你所投入的心力，而回報以相同的成就。

黑格爾能針對成功者的特質做出一針見血的剖析，讓後人可以依循這原則前進，無論運用在生活各個層面上，相信都是一樣的定律。

智慧小語

把工作當成談戀愛一般，用最大的衝勁來執行，必定會有超越一般人的優越表現。

「成功的關鍵在於：你必須知道自己要跟哪一群人為伍。」

——美國投資大師華倫巴菲特

俗話說：「觀其友，知其人。」意氣相投的人常常會聚集在一起，因爲思想跟觀念能互通，有足夠的話題可聊。富人身邊的人非富則貴，而窮人結交的朋友也大多不寬裕，這是因爲人往往脫離不了實際的環境。然而，這只算得上是一種現象，並非不可抵抗的宿命，企圖心正是其中的關鍵因素。

許多電子新貴在白手起家時，必定有一群志同道合的伙伴，大家目標一致，相互扶攜，以致有了後來的成就。別人可能羨慕他的機運，其實還不如說：「他們交對了朋友。」在人生路上能有相互激勵的朋友，前途將是一片光明，無論在哪個時間點，都能帶來無限的動力。因此，在合作伙伴或是朋友的選擇上，尤其重要，因爲這可能會影響你的一生。

然而，這並不是說人們應該避免結交程度比你差、財富比你少的朋友。事實上，要使自己眼界開闊，就必須結交各種朋友，這些朋友或許只占用你很少的時間，卻能提供你不一樣的思緒。話又說回來，對於眞正跟你攜手合作的伙伴，一定要用最嚴謹的眼光去挑選，清楚他們的性格跟企圖，分析彼此是否有相互加分的效果，當完全瞭解這些後才能與之爲伍，否則很可能會拖垮了自己的人生，對此不可不愼。

智慧小語

好的合作伙伴會讓你的努力事半功倍，聚集更多成功的能量。

「在事業成功的各種因素中，個性的重要性遠勝優越的智力。」

——美國教育演說家卡內基

放眼全世界，我們不難發現：聰明的人太多，被叫做「天才」的人也比比皆是。然而，真正成功的人卻是少之又少，這說明除了聰明與智慧之外，似乎還需要其它條件的幫助，其實就是「性格」。

很少人說「聰明決定未來」，卻常聽人說「性格決定命運」，因爲「聰明」就像一把雙刃刀，它可以幫助人成功，也可能令人墜入深淵。試想，名震江湖的黑社會老大哪個不聰明？更別提那些智慧型犯罪中的主使者，他們的智慧經常連執法當局都無法匹敵！然而，「聰明」不是未來的保證，若是不當地運用，不僅自己無法獲得幸福，甚至會引起社會的災難。對比之下，性格的優點卻可以讓一個資質平庸的人顯露出不平凡，甚至天生的殘缺都能因個性而得到彌補。

智慧只是存在我們腦中，不運用行動力將它表現出來，還是無濟於事。聰明需要用對地方，利用優秀的性格將之表現出來，讓好的行爲成爲一種習慣，自然就能一步步邁向成功了。

智慧小語

個性好的人比聰明的人更能掌握成功。

「失敗者可以分為兩類：只會想卻從未實行的人，以及光做而不思考的人。」

——美軍統帥約翰・查爾斯

美軍將領約翰・查爾斯也是著名的探險家。一八六一年，查爾斯獲得少將軍銜，被任命爲北方聯邦軍隊的統帥，負責密蘇里河戰役的指揮調度。他是一名實踐家，並深具冒險家的精神，他曾說：「失敗者可以分爲兩類：只會想卻從未實行的人，以及光做而不思考的人。」

其實所有的失敗都有軌跡可尋，而這段話正簡單地道出了兩大主因。空有好的計畫，卻沒有實際的行動，仍然無濟於事；反之，那些成天忙忙碌碌，卻沒有方向的人，也不過是在生命中不斷兜著圈子，忙碌成爲一種生活方式，卻無法帶來成長。

隨手打開電視就可以發現，現今的電視節目中充斥著數不盡的「口水戰」，每個人指責別人時都說得頭頭是道，擺出一副清高的姿態，好像光靠說話就能對社會產生極大的貢獻。然而，仔細深究其中後會發現——話說完了之後，究竟是誰在做事呢？似乎還是那些被指責個沒完沒了的人，只有他們繼續默默地「服務」民眾。

這社會進步了沒有？看不到，看得見的只有無止盡的混亂。令人不禁感慨，做事的人越來越少，而批評別人的人卻越來越多。當人不自覺陷入這樣的情況時，正應該靜下心來檢討自己，相信這對個人與社會都會帶來更大的貢獻。

這個時代無法容納太多的空想，唯有實際行動才可以帶來真正的希望，況且很多計畫一旦實行起來，未必能如當初所想像，過程中還需要不斷地調整跟修正，因此理想若沒有經過落實，必定無法看出成效，也自然不會有任何成績了。

所以，學著讓智慧和行動力一致，如此才能在人生中有最完美的演出。

智慧小語

不要替自己的失敗找理由，那其實都是「說得太多，卻做得太少」。

「用人不疑，疑人不用。」

——戰國時期魏國國君魏文侯

戰國時期，中山國國君昏庸殘暴，魏文侯想前往討伐，大臣推薦樂羊為魏文侯效力。當樂羊前來晉見時，魏文侯對他說：「我知道你是位厲害的大將，但是你的兒子卻在中山國，這行得通嗎？」

樂羊堅定地回答道：「大丈夫為國捐軀，怎能為了親情而犧牲國家利益，假使我無法消滅中山國，任憑王公處置。」

魏文侯聽後很滿意地說：「既然你有把握，我願意相信你。」

樂羊出征後，將中山國的軍隊逼退到中山城下，這時中山大夫向國君獻計，不如派樂羊的兒子樂舒前去求和。沒想到樂舒見到了樂羊，卻被樂羊痛罵一頓，無功而返。

樂羊接著很快將中山城團團圍住，中山國國君為求自保，將樂舒綁在城樓之上，想藉此威脅樂羊，沒想到樂羊不但置之不理，還要拿箭射殺。中山君一氣之下將樂舒處死，還把他煮成肉羹送給樂羊。樂羊看了毫無所動，命人吃了那碗肉羹，並對前來的使者說：「下一次煮肉羹的材料就是你們國君。」

在樂羊持續的猛攻下，中山國終於被攻下。當他返回魏國時，魏文侯送來一個箱子，裡頭放著滿滿的奏章，都是他在包圍中山城時，其他大臣呈給魏文侯的。裡頭大多寫著「樂羊必有二心」之類的諫言。樂羊最後前去拜見魏文侯，對他的信任感念不已。魏文侯回答道：「用人不疑，疑人不用。除了我之外，沒有人那麼信任你；同樣地，除了你之外，也沒有人對我如此忠心。」

這個歷史故事正提醒了我們：對人如果老是抱著懷疑之心，又怎能讓對方安心做事？然而，隨著社會關係日漸複雜，我們在信任一個人前，還是要先謹慎觀察，再決定是否與之深交。一旦決定信任後，也就要完全放下心中的疑慮了。

智慧小語

對屬下信任，對方才有放膽一試的勇氣。

「勤勉是幸運的右手，節儉是幸運的左手，兩者均可致富。」

——明代大儒王守仁

王守仁是明代大儒，其學強調知行合一，發揮致良知之教，曾築室於陽明洞，世稱「陽明先生」。「勤勉」與「節儉」正是陽明先生認爲足以成功致富的要件。雖然距今已有數個世紀，但中國古人的名訓，放在現代生活中仍深具智慧。

一個肯努力的人，就算才能智慧不高，至少生活上不會不如人，即使無法成爲偉人或成功人士，但仍能感受到平凡的幸福。再加上節儉的個性，懂得量入爲出、積少成多，如此一樣能逐步累積財富。許多喜歡做大夢的人，最後卻只能跟貧困潦倒爲伍，正是因爲沒有踏實的觀念。就算一時好運降臨，也難以守成。如果自己的財富或事業不是來自一段刻苦努力的過程，必定會疏於珍惜，最後得來容易、去之也快。

凡事由小變大，經驗能力也是慢慢在學習中成長，而財富也是同樣的道理。這不是光喊喊口號而已，其實越是微不足道的道理，做起來反而越不容易。羅馬不是一天造成的，財富也不是一夜之間攢聚而成，與其羨慕那些中彩券、賭博致富的人，還不如實實在在地用自己的實力去賺取。

智慧小語

老想著發橫財只會讓人鬼迷心竅，只有靠勤儉和努力才是正道。

「有志者事竟成。」

——東漢光武帝劉秀

東漢時期有名個叫耿弇的人，非常嚮往成爲軍人，正巧聽聞劉秀在徵召士兵，於是前往投效。他的表現非常優秀，一連打了數勝場仗，逐漸受到重用，最後劉秀便任命他和最強悍的敵人張步對戰。

戰事一開，耿弇就連連攻下張步握有的幾個城鎮，張步於是親率部隊前來迎戰，耿弇中箭受傷，只好先行退守。劉秀見屬下大將吃了敗仗，欲親自帶兵前去支援，而耿弇的部屬也建議將軍說：「張步兵力強大，不如將軍先行休養，等皇上的援軍來了再說！」耿弇卻回他說：「應該是我們設宴接待皇上，怎麼是把敵人留給皇上呢？」於是，他又立刻率兵與張步對戰，最後終於擊退張步，直搗對方陣營，獲得勝利。

等劉秀抵達前線，不禁誇獎耿弇說：「你是有志者事竟成，從前韓信取得垓下，爲漢高祖奠定根基；今天我有你拿下祝阿，天下亦得底定。」

只要有堅定的信心，世上沒有做不到的事，也沒有無法完成的偉業。耿弇盡忠職守，即使負傷也不願勞駕君主代其出征，他不負君主之所託，終於完成大業。如果我們都能有如此堅定的意志，無論眼前的任務有多麼艱鉅，都無法讓我們退卻，相信成功就在不遠處。

智慧小語

意念可以改變我們的行爲，猶如堅強的胄甲，讓我們無畏槍林彈雨，勇往直前。

「不如反求諸己，先找出自身的毛病加以改善，再來求戰。」

——夏禹之子伯啓

夏禹時期，諸侯有扈氏背叛夏朝，興兵入侵，夏禹派兒子伯啓前去應戰。雙方在甘澤交兵，結果伯啓戰敗。他的部屬非常不甘心，向伯啓提議再戰，伯啓卻回答說：「不必了！我的勢力比他大，兵馬人數也強過對方，但是卻打敗仗，這其中必有原因。可能是德行或軍事教育不如對方，不如反求諸己，先找出自身的毛病加以改善，再來求戰。」於是他發憤圖強，勤儉刻苦，任用有才之士，一年後，有扈氏看到伯啓的改變，再也不敢來犯，並且自動臣服於夏朝。

現代人多半習慣將矛頭指向別人，當問題發生時，總是怪東怪西，永遠都不會想到是自己的錯。與其苛責別人，倒不如從改變自己做起，正視失敗的原因，多反省一下自己，這樣才能對問題有具體的幫助。

曾子說：「吾日三省吾身。」你我不是聖者，多少都會犯錯，重要的是如何找出自己的缺點，並加以改進，如此才可以改變現況。光是抱怨他人、環境，絕對無法讓自己得到任何成長，反而容易讓情況越變越糟，將自己困在煩惱中而無法突破。

智慧小語

與其坐著抱怨，還不如起身做點改變。

「我得到孔明，就像魚得到水一般。」

——蜀漢昭烈帝劉備

三國時期，當劉備剛起步時，身邊一無所有，他被曹操逼得走投無路，因而去投靠荊州的劉表，劉表派他駐守新野這個地方。

胸懷大志的劉備並不甘心長期寄人籬下，仍舊希望有朝一日打下自己的江山。這時有幸得到貴人指點，向他推薦傑出的軍事家——諸葛亮。當時，諸葛亮因爲政局紛亂而隱居，劉備憑靠著十足的誠意，三顧茅廬，終於請出諸葛亮擔任他的軍師。靠著諸葛亮的智謀，劉備得以占據荊州，並取得益州，赤壁一戰更大敗曹軍，形成與孫權、曹操三足鼎立的局面。

然而，劉備對於諸葛亮的仰賴，看在昔日跟他一起打天下的張飛眼裡，感到很不是滋味，甚至在背後說了些小話。劉備知道了這件事，便找來張飛，對他說：「我得到孔明，就像魚得到水一般，你從此別再說了。」

一個再好的人才，也需要天時地利人和，如果沒有環境的配合，光憑一己之力，勢單力薄，很可能一輩子都無法成功。成功並不簡單，歷史上的革命先烈、科學家和發明家等，都是有其時代背景，進而造就驚人的豐功偉業。成功不單只是靠個人的能力，其中也不要忽略了身旁扶助你的貴人們，如果你可以用心去發現機會，找到生命裡的貴人，再加上本身的努力，那麼必然成功在望了。

智慧小語

作大事前必先尋得良伴，而成功之後也要記得感謝曾經幫助過我們的人。

「多多益善。」

——漢初大將韓信

韓信是一名才略很高，精通兵法的軍事家。當年曾投效項羽，卻未能受到重用，因此轉投劉邦，但還是不被重視。

一天夜裡，他乾脆偷偷離開。蕭何知道他是個不可多得的良才，於是前去找他。等到第三天，終於找到了韓信，他先將韓信勸回，接著趕緊去向劉邦進言。

劉邦知道了這件事，不太高興地說：「逃兵時時都有，爲什麼要浪費時間在這個不起眼的人身上呢？」

蕭何回答說：「韓信是個不可多得的人才，此人志向遠大，將來平定中原非他莫屬。」

劉邦於是又問：「那我該給他什麼職位呢？」

蕭何回答道：「此人極愛面子，如果可以替他設壇舉行拜將大典，封他爲元帥，他必然極力效忠。」

劉邦聽了蕭何的建議，封韓信爲大元帥。果眞，韓信發揮了超人的實力，最後打敗楚軍，幫助劉邦一統天下。

劉邦成爲皇帝之後，一天找來韓信問道：「如果我帶兵，可以帶多少人呢？」

韓信回答道：「陛下可以領兵十萬。」

劉邦聽了很得意，接著又問他說：「那你自己呢？」

韓信回答說：「如果是我，那是多多益善。」

事實上，韓信並非自誇，而是對自己充滿了信心。然而，若非遇上蕭何這位懂得賞識他的貴人，恐怕一輩子也無法發揮所長，對劉邦而言也是一大損失。

人的自信有時是被激發出來的，一旦坐上適合的職位，自然能表現出最佳的狀態。因此，切忌妄自菲薄，無論在工作上或生活中，都應該相信自己，抓住人生的最佳時機，相信必能有所成就。

智慧小語

自信是成功的要件之一，只要有信心，這股力量就足以克服萬難。

第八篇

揭露真相的一句話

「如果你是弱者，你就是自己最大的敵人；如果你是勇者，你就是自己最好的朋友。」

——拿破崙

法國大革命末期，國內外政局不穩，極需軍政強人出面主導，拿破崙因此上台。他原是一名低階的炮兵軍官，在鎮壓叛亂及對外戰役中表現出色，後來更率軍攻入義大利及奧地利，瓦解第一次反法同盟，逐漸成爲法國人心目中的英雄。

像拿破崙這樣一位名將，縱橫沙場，令敵人聞之喪膽，他表現出來的勇氣令人折服，但就算是這樣的勇士，內心仍難免會有脆弱的一面。

再堅強的人，內心也會有退縮、害怕的時候，這股懦弱可能來自害怕失敗、害怕別人嘲笑的心理，潛意識中害怕別人越雷池一步，寧可躲在安全的角落中。

看似勇敢的人，雖然勇於和公權力挑戰，也願意爲了自己的理想，成爲一名開拓者，但他們心中不是沒有猶豫跟恐懼，只是善於克服負面的心態，能用更大的目標來掩蓋內心的不安，這樣他們才能放手一搏，勇敢挑戰那些平常人不敢做的事。這就是成功者具有的特質。

當害怕跟勇敢兩相爭執時，成功者會選擇勇敢的一邊，而畏縮的情緒自然就被遠遠拋在身後。這需要不斷地訓練，把軟弱當成可惡的敵人，不讓它輕易征服我們的內心，蠶食掉我們的信心和未來。此外也要不時鼓舞自己，讓決心帶領我們勇往直前。

智慧小語

克服恐懼正是邁向成功的第一步，不要認爲自己做不到，只要多試幾次就行了。

「民主的終結是因為奢侈，專制的完結是因為貧窮。」

——法國啓蒙思想家孟德斯鳩

法國在路易十四統治時，君主專制達到最高峰，到了路易十六，國家卻日益沉淪。貪污腐化、財務虧空，加上路易十六的無能，成日與皇后兩人耽於奢靡享樂，令政治更加腐敗、國庫空虛。十八世紀的法國是歐洲文化的中心，也是啓蒙思想的發源地之一，伏爾泰、孟德斯鳩、盧梭等人「天賦人權」及「主權在民」的思想在歐洲大陸上廣爲傳播，而孟德斯鳩這句名言無疑成爲法國人民向集權體制宣戰的最佳口號。

對一名社會學家而言，孟德斯鳩對民主下了一句最佳的定義，綜觀歷史上大部分的革命，無論是推翻暴政或是爭取民主自由，不都跟社會的經濟脫離不了關連嗎？

當年共產主義之所以能輕易赤化許多國家，就是抓住了大部分人民的心理，共產黨宣揚階級制度造成資產不均的問題，凸顯窮人辛苦一輩子依然難以翻身的不平等，打著「財產平均分配」的口號，彷彿爲所有處在社會底層的人找到一線曙光。儘管這也許只是爲了「奪權」所編織出來的堂皇理由，但仍足以鼓動人心，輕易地推翻原有政權。

事實上，無論採用哪一種制度，總不免爲人所扭曲，逐漸產生弊端，民主不也帶來了許多處心積慮、只顧一己之私擅用權力、貪得無厭的政客嗎？

雖然民主是最符合現代世界的制度，但是身爲這制度下的人民，還是應該睜開雪亮的雙眼，千萬不要被善於甜言蜜語的政治人物給欺騙了。

智慧小語

民主制度下的自由仍應該有所節制，而不是任人恣意妄爲。

「人類的天性是：只要苦難尚可忍受，他們寧願受苦也不肯捨棄舊習以謀自救。」

——美國政治家傑佛遜

美國政治家傑佛遜在美國獨立宣言的序文中寫道：「人類的天性是：只要苦難尚可忍受，他們寧願受苦也不肯捨棄舊習以謀自救。」

事實上，要改變自己現有的生活，不也跟歷史上的革命有著相同的關係嗎？人是習慣性的動物，社會也是。一旦習慣了某種方式跟制度，除非這套制度已經將人逼到崩潰邊緣，很多人還是寧可一天過一天，繼續無望地生活下去。

而這也形成了我們的因循怠惰，以及某些不良社會環境的延續。試問：有多少人眞正滿意過自己的生活？能回答「是」的人，恐怕是少之又少，而眞正滿意自己生活的人，相信都是歷經過一場掙扎跟奮鬥，才能達到令自己滿意的生活。

社會上大部分的人，一如你我，不也經常寧可滿嘴抱怨，就是不願努力去做些改變嗎？有些人甚至會覺得，破除既有的習慣是十分危險且令人不安的，好像要把自己從安穩的家中趕出去一樣，即使樑柱已經腐朽不堪，屋頂早就漏水，牆壁也斑駁了，卻寧可覺得那是個安全的場所。

習慣就是這樣，讓我們遺忘了自己所處的困境，適應了惡劣的生活，忍受無法看到天堂的憂傷。許多的不幸，不也就是「習慣」所造成的嗎？因此，當你羨慕起窗外他人的幸福人生時，你就必須走出家門去加入他們。

「改變」是唯一的路徑，它能扭轉我們的思想，破除舊有的習慣，引導我們學習新的生活技巧，革新一切行爲模式。剛開始可能會很辛苦，而且充滿不安全感，但相信過了一段時間之後，所有不習慣會漸漸成爲新習慣，等到習慣了正確的做法之後，你的人生也會逐漸光明起來。

智慧小語

革新需要勇氣，也會遇到從未面臨過的挫折，但只要跨越那道障礙，新的生活將是最甜美的回報。

「你能在某些時候欺騙某些人，或在某些時候欺騙所有人，卻不能在所有時候欺騙所有人。」

——美國總統林肯

虛僞的言詞舉止遲早會被揭穿，謊言可以瞞過一時，但瞞不了永遠，眞理也總會隨著時間浮出檯面。看看監獄中的罪犯們，很少有人一開始就承認自己的犯行，但眾人的眼睛是雪亮的，即使罪犯爲自己編造出完美的辯辭，最後仍會因爲證據一一出籠，讓他再也無從狡辯。

除了罪犯外，其實最會騙人的，大概就屬政客了，政客爲了選票而騙人，與罪犯的目的雖然不一樣，手法卻是一致的，但是前者只會使一個人受害，後者卻會危害所有的社會大眾。無心爲民的政客得到權力之後，他們的假面具也遲早會被拆穿，因爲再完美的謊言也敵不過事實的眞相，取得權力的政客們其實早忘了要爲自己過去的政見「買單」。不過，一旦群眾看清眞相，政客們自以爲已經到手的利益，也會很快又被人民的怒氣給取回，這時他們必須面對的就是比未抓到權力時更大的非議跟壓力，落得無地自容的下場。

這世上總是有無形的公理在審判著我們的行爲，對於良善的事，就算短時間不被發現，卻總有時間來證明；而虛僞的言詞則會很快就遭到揭穿。說謊的人必定活在不安裡，因此，何必整日擔心著哪天被人揭穿呢？想活得心安理得，正大光明的路才是唯一的選擇。

智慧小語

謊言逃不過眾人的眼睛。

「一個扯了謊的人，將會被迫編造二十個謊言去支持它。」

——希臘哲學家蘇格拉底

謊言像一個無底洞，當有了起頭，就會無止盡的沉淪下去，爲了掩飾自己的欺騙，只好扯出更多的謊言。一直要到承認那些謊言時，才有終止的一天。因而，不要小看一個不起眼的小謊，它可以像滾雪球一樣，讓人慢慢扯出大謊來。可能最初看似不經意的動作，最後卻開啓了一段錯誤。

說謊就好比是走錯高速公路的出口，你必須花費更多的路程才能回到起始點。如果我們不能當下認錯，就可能漫無止盡地發展下去，洞口越挖越大，將來自然得花上千百倍的時間去填補。

事實才能經得起千錘百鍊，任何假象都有被戳破的一天，就算不在一時，也很難經得起時間的考驗，因爲不眞實的說詞，必有漏洞；缺乏人證、物證等有力證據，謊言必然會不攻自破。所以，一旦做了壞事就不要以爲能輕易脫身，除非是善意的謊言，要不然扯再多的謊，最後還是會找不到下台階。只要不是事實，都會露出破綻，這是自然的道理，任誰也躲不過。

智慧小語

說謊會使人背負極大的壓力，不如一開始就承認了，也可以少掉幾根頭髮。

「人格像樹，而名聲就是樹影，我們以為樹影表現樹的樣子，其實只有樹才是真實的。」

——美國總統林肯

人往往是由外而內，慢慢呈現自己的樣子。剛開始認識別人時，我們會先從外表、財富、職位等外在條件認識對方，要經過一段時間後，才能眞正了解對方的內心。

擁有良好品行的人就像一瓶陳年老酒，隨著交往的深入更能品嚐出其中的甘甜，而這份甜美才眞正值得珍藏，因爲它不會隨歲月的流逝而變質，甚至會越陳越香。相反地，外在的條件就如同戴在臉上的面具，即便裝飾得再鮮豔、再華麗，終將會隨時間而斑駁掉落，爲人所識破。

一個品德低下的人，最後圍繞在他們身邊的，都不會是眞心相待的人，只是因爲對方的財富或地位而與之相交。因此，如果希望跟有品德的人親近，就要努力讓自己的道德提升。平時多多修養自己，就算面相再醜惡，也會慢慢變得和藹可親。

智慧小語

人的本質才是最眞實的東西，不會因爲陽光的角度而投射出不同的影子。

「黃金的枷鎖是最重的。」

——法國作家巴爾札克

巴爾札克是十九世紀法國知名劇作家，他的創作量龐大，幾乎寫盡了法國社會的人生百態，藉由深刻的觀察與銳利的筆鋒，巴爾札克將法國社會的現實面刻畫得淋漓盡致，本文所選的名言更是一語道破了「財富」的眞相。

「財富」是大多數人一生追求的目標，可以帶來許多物質上的奢華享受，讓人坐擁權力的滋味，然而卻無法買到年輕的歲月跟幸福的感情。

如果一生追求的只是錢財，將來回顧起來，將會發現這段生命過程竟是一片空白。我們無法否定金錢的力量，但是金錢的意義卻經常被扭曲，過度追求的結果往往讓人產生更大的慾望與無止盡的貪念，甚至扭曲了我們對道德或品行的正確想法。

錢財應該是爲我們帶來更美好的生活，而不是無止盡的追逐。執迷於此，容易讓我們對眞正的幸福視而不見，甚至失去生命中最有價值的東西。財富看似過人一等的力量，其實可能正是將自己緊緊箝制住的一把大鎖。

智慧小語

善用金錢帶來好處，卻也不要爲此犧牲了更有意義的幸福。

「謙恭並非軟弱的象徵，而誠實總要有明證。」

——美國總統甘迺迪

美國第三十五任總統甘迺迪，曾任海軍軍官，後來歷任參議員，並於一九六〇年當選美國總統，是美國歷任總統中最年輕的一位。他在就職演說中提到了這一段話，除了強調對和平的期許，也表現出不會輕易退縮的堅定態度。

事實上，「以退爲進」雖然是策略的一種，但前提是——你已經做好準備。雖然有充分的信心能跟敵人交手，卻仍希望能以和平的方式解決。

甘迺迪一向主張以和平方法解決大部分的火爆衝突，而「謙恭」與「誠實」就是其中的潤滑劑，能讓人放下戒心，最後成功達成協議。

人與人之間之所以會發生許多衝突，仔細探究其中的原因，經常只是起於一些小小的態度問題，例如：驕傲、蠻橫或猜忌。誠信可以化敵爲友，謙虛則能得到別人的認同和尊重，只要保持這兩種態度，在我們的人際關係上，就能更加圓滿，也不會造成許多尖銳的衝突。

智慧小語

凡事低調一些，做人講信用，光具有這兩種品格就足以讓自己成功一半了。

「重塑人性就要像園丁栽培他最喜愛的果樹一般。」

——蘇聯共產黨領導人史達林

史達林習慣把人比作原料，在列寧的葬禮上，他說過一段名言：「共產黨人是特殊類型的人，由特殊的材料做成，而重塑人性就要像園丁栽培他最喜愛的果樹一般。」共產主義之所以可以改變人性，重點也就在這裡。或許我們不用去追隨或是進入這樣的制度裡，但是他們點出了一些對人性的觀點，值得我們進一步思考。

一個人成功或失敗，背後一定有原因。沒有人一出生就決定了他未來的成就，這都有賴我們日後的作爲，只有一步步的「因」最後才會結成「果」。西方人有句俗諺說：「羅馬不是一天造成的」，這句話也傳達出相同的意思。如果我們對目前的狀況不滿意，唯有全面地改造自己，才有改變的可能。只有將自己注入「成功因子」，時常將「我想變成什麼樣的人」這個觀念牢牢記在腦海，並不時提醒自己，才能扭轉命運，創造奇蹟。

智慧小語

你想成爲什麼樣的人，就必須從頭改變起。

「我們不會因無知而迷路，卻會因為相信自己所知道的事情而迷失」。

——法國思想家盧梭

有時知識比無知更可怕，因爲若是不懂善用知識的力量，或是在瞭解消化知識的過程中生出不必要的執拗，都可能引導我們走向錯誤的思考跟行爲模式。

就像最近弊案連連的政治圈，其實那些政治人物都不是笨蛋，而是社會中的菁英份子，卻因爲接觸不正當的訊息跟知識，讓人一錯再錯，與世上的眞理脫勾。眞正會犯下滔天大罪的人，其實都是些聰明人，反而是我們經常嘲笑的那些「笨蛋」，不過是作些可笑卻無傷大雅的事情。這跟我們對事物的認知不也有著連帶的關係嗎？

當我們對事情還懵懵懂懂時，就像一個兒童般，總是亦步亦趨、帶著如履薄冰的心情來對待事物，心胸寬大，足以容納任何意見；謹愼思考，並且懂得詢問別人，四處廣納意見、虛心受教，這時的自己深具反省的精神，並在不斷學習的過程中成長，當然，我們所犯的錯誤就少了，等到我們以爲自己的見識豐富了，反而不願意再去詢問他人的意見，自大的心理慢慢凝聚，凡事也變得更加的主觀。

自以爲懂得夠多了，反而造成心胸的狹隘，對知識的誤判，容易讓人在人生道路上迷失自己。

智慧小語

不管在人生的哪個階段，都要放空自己，才能容納更多的聲音，找到正確的方向。

「一無所長的人最擅長的就是找藉口。」

——美國政治家及科學家富蘭克林

藉口是人逃避責任的方式，因此，那些最會找理由的人，往往就是最成不了事的傢伙。有句話說：「成功者找方法，而失敗者找理由。」同樣是花費精神，用在不同的地方，就會產生完全不同的結果。

因而，聰明的人應該聽別人告訴你他用來解決問題的方法，因為這才是正面而有意義的，可以使我們從中學習到東西，而非光聽別人說一堆藉口，那些不過是花言巧語，對事情毫無幫助。

面對一件困難的任務，我們時常會聽到別人用否定的口氣說：「這任誰都做不來」、「如果環境不配合的話……」、「沒有援助怎麼可能完成」等喪氣話，這時就算做的人不是他，光是聽到這些冠冕堂皇的評語就足夠令人退避三舍，完全失去理智的判斷了。其實這可能是說者不希望自己能力所不及的事被他人搶走，若是別人成功了，就等於自己被比了下去，因此才先說出打擊對方信心的話罷了。

我們對別人的話，要有跳脫思考的能力，才不致於被牽著鼻子走，特別是在上位者，更要明辨下屬提出的建言，仔細審視其中究竟是客觀的分析，還是替自己掩飾無能的藉口。

智慧小語

少說話多做事的人才值得肯定，我們要看人怎樣做事情，而不是用聽的。

「女性解放運動最大且唯一的敵人仍然是女性本身。」

——奧地利思想家威寧格爾

過去曾蔚爲風潮的「女性解放運動」，至今還是充滿著矛盾和諷刺，尤其看在那些男人的眼中。當然，「女性運動」爭的是平等，但卻往往爭過了頭，變成騎到男人頭上去了。

其實，眞正的「女性運動」應該是要爭取地位的平等，改變這世界的「沙豬主義」，徹底打破普遍存在社會上蔑視女性的現象。但是演變到後來，似乎將「女性主義」者都搞成了一副猙獰的臉孔，好像非得跟男人變成相同的動物不可。其實男女天生就有體力與外貌上的差別，這是自然的定律，但這一點卻經常被那些自稱「女性運動」者所忽視，這也難怪威寧格爾會發出這樣的感嘆了。

歷史上那些從男人身上得利的女人，才是善用女性本身條件的聰明女人，唯有她們才稱得上是「眞正的勝利者」。那些聰明的女生懂得運用天性的細心以及嫵媚，來達到她們的目標。她們成功地利用自己的優點，透視男性的弱點，以爭取有利的條件。

既然無法脫去原有的外殼，我們就必須善用自己的優點，將之發揮到最大，不僅能掩蓋住原本的弱勢，也加強了別人對你的肯定與信賴，這就是自己的利基點，而不是處處與人針鋒相對，最後只會留給人強勢、潑辣的不良印象。

智慧小語

唯有認清自己的優缺點，才能做出最大的發揮。

「自然界沒有一樣東西能保持永恆。」

——義大利科學家伽利略

即使像石頭那麼堅硬的東西，都可以因爲數百年的風吹雨打而風化成爲砂粒，江河可以改變走向，山林也可以移位，那麼人世間的起落變化，更是無法脫離自然的定律了。

因而我們可以對自己抱持著無限希望，可以改變命運、扭轉奇蹟，也可能由高峰墜落，想要有怎樣的命運，完全是掌握在自己手中。許多白手起家的人，正是應驗了自然界的道理，說明了只要努力就會有收穫，任何人都是平等而沒有差別的。世上沒有憑空掉下的好運，即使有的話，也會很快消失不見。正因爲沒有永遠不變的事情，在我們擁有幸福時，就應該多珍惜那樣的機會，把幸福傳遞給更多人，爲更多人著想，等將來出現不確定的變數時，原先的付出相信也能得到同樣回報。

人們在這世界的定位，就端看你看這世界的眼光，你是充滿光明跟期待的呢？還是沮喪且自覺一無是處？這都在我們的一念之間。在這多變的世界，如果能把自己當成一個泥塑的初胚，你就會發現——人的可塑性是超乎想像的。只要集中意志，努力朝目標前進，發展必然是無法限制的。

既然外在的環境隨時都可能改變，我們應該尋找更爲永恆的價值——我們的內在，包含性格和品德等等，它們不受外在力量所左右，那才是最眞實、伴隨我們一生的東西。

智慧小語

永恆不變的只有我們的心，要經常擦拭它，讓內心永保明淨。

「到處都有美的存在，它不會從我們眼前消失，只是我們的眼睛有時無法辨識它。」

——法國雕刻家羅丹

藝術家跟平常人最不一樣的地方，就在於看事情的角度。他們能注意到平常人發覺不到的地方，用細膩的觀察去體會，因此，心存眞善美的他們，眼裡也盡是美好的景物。這和我們運用照相機鏡頭捕捉畫面的道理是一樣的。躺著照跟墊高了腳尖照，呈現出來的效果會完全不一樣。

還記得我有個外國藝術家朋友，有天他從海邊拖回一塊燒焦的黑木頭，將它放在庭院裡，每次去拜訪他時，都看他津津有味地凝視那塊枯木。

有天他對我說：「你覺得這像不像一尊朝天伸出雙手的神明？」

就我來看當然不像，認爲這不過是一塊漂流木罷了。

不過，這位朋友倒是十分沉溺於自己的想像中，他將木頭著色，並且跟海邊餐館商量好，要放在他們祭神的地方。

沒想到過沒多久，某天我經過時，竟然看見幾個日本觀光客聚集在那裡拍照，還眞的把它當成了珍貴文物！

其實平常人第一眼看到那塊木頭，也頂多當成廢材，但是經過有心人灌注心力，就能夠呈現全然不同的樣貌。如果我們也能培養藝術家的眼光，善於欣賞事物美好的一面，那麼不管身處何地，都能怡然自得了。

智慧小語

從不同的個角度看事情，它就會呈現完全不同的面貌。

「教導別人，等於學了兩遍。」

——法國作家儒貝爾

人會相互影響，無論是上位跟下屬的關係、老師跟學生，甚至是好人與壞人，每個人身上都有可以學習的東西，同一件事放在不同人身上能得到不同的解釋，在你教導別人時，從對方的反應，或許也能得到另一種收穫。

這句「教導別人，等於學了兩遍」，其實就有付出跟提醒的意思，我們不要吝於提供別人經驗跟學習的機會，當你告訴他人應該怎麼做時，其實也順便提醒了自己遺忘的部分。

記得當年我有個同樣從外地到台北打拚的好朋友，就因爲一次任意橫越馬路，被撞得全身骨折，最後只能回鄉休養。我經常記起這位朋友，當時他滿腹理想卻因爲一時的疏忽，失去了奮鬥的機會。但時間一久，這件事也漸漸從我腦海中淡忘，每天仍橫衝直撞地來往於車流不息的街道上，直到某天，無意中看到一位小學生任意穿越馬路，下意識地大聲制止他時，才提醒了自己，重新記起過去朋友發生的那件意外。因爲教導別人，也幫助我警惕了自己。

我們都清楚一些簡單的道理，卻經常忘了它。人似乎是健忘的動物，當情況改變或者事過境遷，過去得到的教訓或經驗就被遠遠拋在腦後。不論是行爲上的規範、知識上或工作上的經驗，樂於付出時，其實也相對會得到一些收穫。

智慧小語

教育跟學習是相輔相成的，付出本身其實也能換得一些寶貴的知識。

「國家是在時間的河流上航行，只能根據技巧和經驗來駕馭。」

——普魯士王國首相俾斯麥

這是俾斯麥當上首相之後說的一段名言。眾所皆知，俾斯麥有「鐵血宰相」的稱號，但是當他換了一個位置時，他的作爲就必須必須有所調整，因而他的語言中，透露了兩種不同身份下，所須表現出來的不同態度。

在對國家的認同度上，我們可能難以跟歐美國家相比，因爲它們大多是歷經長久的抗爭，才建立了一套完整的國家體制。而它們的元首也必須在這套標準下運作他們的權力，如果只照自己的想法去橫衝直撞，遲早要出亂子，帶給國家危機。必須在一定的範圍，在固定的遊戲規則下貢獻能力，才能爲民造福，成爲維持國家秩序的優秀領導者。

無論是國家、社會，乃至工作場所，都有一定的制度，我們必須遵循固有的標準來行事，如此才能適應群體，進而發揮所長。要是沒有這樣的觀念，依然你做你的、我做我的，那必定會落得一團混亂。好比在運動競賽中，選手必須遵守規則，這樣才能讓所有人在最公平的情況下發揮實力、平等競爭。群體的規範讓我們有依循的標準，在這套原則下，人人才能有最大的發揮。

智慧小語

換了個位置就必須換個腦袋來思考。

「你何不去跟國王講和，哪怕是最無恥的和平！」

——英國政治及宗教領袖克倫威爾

克倫威爾是十六世紀法國議會裡長期抗議國王暴政的活躍份子，他非常厭惡封建制度，在家鄉組織了騎兵隊，追隨者更迅速從幾十人增加到數萬人。

當時國王查理一世發動內戰，對議會開砲，克倫威爾也毫不留情地反擊，並在一次戰役中大敗國王的兵馬。但是查理一世頑強抵抗，利用議會內部的不團結，數度給予回擊，也贏得幾次勝仗。

爲了徹底消滅國王的兵馬，議會協議派出克倫威爾和曼徹斯特等軍前後包抄。然而曼徹斯特這方卻別有貳心，某次抓到查理一世後竟將他放走。克倫威爾得知後，前往興師問罪，曼軍卻回說：「國王是上帝的代理人，不可違抗。我們即使打敗國王九十九次，他依然是國王，但是我們只要失敗一次，就得終身爲奴。」

克倫威爾聽完後，嗤之以鼻，回答說：「那麼當初我們爲什麼要革命呢？你何不去跟國王講和，哪怕是最無恥的和平！」

經過這次之後，議會軍隊重新改組，由克倫威爾擔任總司令，戰鬥力因此大大提升，終於將查理一世送上斷頭臺，接著共和建立，結束帝制時代。

多少人因爲環境的磨難，與時光的消逝，開始活得了無鬥志，有時想起自己當初作某件事情的理由時，甚至還驚訝得冒了一身冷汗。剛開始時，大部分人都野心勃勃，希望闖出一番事業來，如果忘了經常提醒自己，往往會走到分岔的路上而不自知，也就離理想越來越遠了。

智慧小語

如果跟環境妥協，就失去了奮鬥的意義。

「我們是無辜、正直的人，不需要任何人來赦罪！」

——十五世紀英國農民

英格蘭歷史上曾發生過一段「羊吃人」的故事：中世紀時，英國的土地都是掌握在貴族、教會和王室手中，農民以土地爲生，如果離開土地就等同斷絕了生路。十五世紀末，因爲海外貿易的盛行使得紡織業迅速發展，對於羊毛的需求量大增，貴族爲了增加養綿羊的地區，於是用籬笆把森林、沼澤全圍了起來，後來發現不夠，還強行圈占農民賴以爲生的耕地，大量飼養綿羊。

這個舉動爲農民帶來很大的災難，許多房舍被拆，農民流離失所、餓死在路上。遭遇不幸的農民們忿忿不平地說：「綿羊原來是溫順的動物，只要吃一點點就夠了，現在卻變成貪婪、兇暴的野獸，甚至把人吃掉！」

飢餓更引發一連串的社會問題，盜匪、小偷橫行，英王不思考治本的政策，卻頒布了更嚴厲的「禁止農民流浪法」，於是再也忍耐不住的人民紛紛起身反抗，拒絕「羊吃人」的革命就這樣展開了。

國王見情勢一發不可收拾，於是頒布赦令，並邀農民返鄉。但農民喊道：「我們都是無辜、正直的人，不需要任何人來赦罪！」這場農民起義最後雖然失敗了，但也多少遏止了貴族任意圈地的惡行。

從歷史故事中我們可以看到，反其道而行的荒謬行徑最後總會被推翻，真理終會得到平反，不要問別人對你做了什麼，但求問心無愧，那你就可以勇往直前、毫不畏懼了。

智慧小語

「羊吃人」不也是現代資本主義最好的寫照嗎？

「沒有僥倖這回事，最偶然的意外也都是事出有因。」

——德國科學家愛因斯坦

想要怎樣收穫先要怎麼栽，任何事情都跟因果脫不了關係，也許我們的付出暫時看不到成果，但是世界總會還給我們一個公道，這在別人眼中或許是幸運的降臨，但唯有當事者本身知道是怎麼一回事。

不勞而獲的事，來得急去得也快，沒有實力而得來的成果是很難守得住的。社會上有許多成功人士，他們看似比別人多了一份幸運，但背後的努力卻是我們所看不到的。因此，任何人都可以跟那些人一樣，受到幸運之神的眷顧，只要你肯辛苦付出的話。

要追求長遠而不是爭一時之氣，那些看似機會的本身，其實大多都是經過長期的付出而得到，沒有能力跟條件的人，即使是好運降臨，也終究無法掌握得住，那些「意外」其實都是人們日積月累努力創造出來的。好比科學家或發明家，他們所鑽研的事業往往無法馬上就看到成果，總是得經歷一次又一次的失敗，看似重複著一樣的動作，卻什麼也沒發生，但是誰能想到，這些人等待的不是那一次的「幸運機會」，然而，如果他們沒有一而再地嘗試，那樣的機會就不可能發生。

幸運可能就存在你嘗試的第一百零一次，而你卻在第一百次時放棄了，如此勝利就與你擦身而過。成功永遠沒有「意外」這兩個字，你的付出就是一種準備，要撒好網子等待收成，而不是一般人表面上看到的好運這麼簡單。

智慧小語

沒有所謂的運氣，所有一切其實都是經過安排而產生的。

「生活本身具有的奇異衝力把我們帶得暈頭轉向，到最後，我們會感覺對生命一點選擇也沒有，絲毫無法作主。」

——西藏密宗大師索甲仁波切

如果我們容易受環境左右，就無法走出屬於自己的人生，容易被瑣事所綑綁，而限制住了發展。

許多人的成功，並不是來自他生長的環境，或是學歷背景，而是他勇於跟環境挑戰，決定給自己一個全新的世界。切莫一直埋怨環境，認爲是因爲家境不好或其它種種因素，使自己無法達成理想，其實事在人爲。

社會上有許多實例：有一位不甘於貧窮的農村青年，到都市打拚，他發誓要讓自己脫離貧窮，不管發生任何事，都不要回去當農夫。憑著自己的努力，最後他贏得了夢想的人生，創造出數億身價，擁有自己的事業王國。還有一位名人，從一家公司的收發小弟開始，沒有任何顯赫的學歷，卻成爲跨國公司的總經理。他們都是不向命運低頭，不讓環境決定命運的最好例子。

事實證明，改變是有可能的，這關乎自己的勇氣跟抉擇，如果你向環境投降了，環境就會控制你，讓你一輩子過著不如意的生活。生命的成敗，最大的敵人是自己，而不是別的，除了你自己，沒有任何人可以限制住你；只要你願意，沒有人可以阻擋得了你，任何環境都不是問題。做自己的主人，把命運掌控在手上，才能走出一條真正屬於自己的路。

智慧小語

生命本來就是一連串挑戰的過程，你挑戰環境也挑戰自己，唯有突破才可以得到你想要的生活。

「心若改變，態度也跟著改變；態度改變，習慣也跟著改變；習慣改變，性格也跟著改變；性格改變，人生也跟著改變。」

——美國心理學家馬斯洛

凡事都是由心出發，我們的心理足以改變所有外在的行爲，也導致不同的命運。那些看起來擁有幸福跟成功的人，心中幾乎不存悲觀跟負面思考，因爲那樣的性格只會毀掉一個人的人生，此外沒有其它好處。

我們常看到快樂的人，身旁所圍繞的一定也是歡樂的氣氛，他們跟同樣笑口常開的人交朋友，而原本不快樂的人只要靠近他們，也會變得愉悅起來。西方有句諺語正可用來形容這樣的情況：「當你開心時，這世界跟著一起笑；當你悲傷時，世界也隨之下雨。」心情不好並不是個人的事情，其情緒也會感染到周遭的人，原本美好的事物也會被那樣的負面情感給嚇跑。

常常有人去算命，窮的人愁眉苦臉，他們嘴裡問的一定都是：「我什麼時候會有錢？爲什麼我會那麼苦？」而感情不如意的人也是一味責怪自己的命運，他們似乎都沒有注意到自己的態度，其實那才是眞正導致不幸的主因。

如果肯踏出一步，用健康而正面的想法告訴自己：「我值得擁有幸福」，這樣的態度將使命運大大改變。活在不幸婚姻或感情中的人，就會懂得及時放下，轉頭尋找那些眞正能讓自己開心的對象，或是把專注力轉到其它的事情上，不讓自己執著在那些不愉快的情感波動中。而窮苦的人更懂得努力工作以增加收入，或是改變觀念，不執著在那些物質上的富裕上。改變生命有很多種方式，就在自己想不想而已。

如果能用放大鏡去觀賞快樂的事，而把挫折痛苦當成被螞蟻咬了一下，心境就會隨之開朗，也不會經常活在苦惱當中。打開心胸，改變自己的觀念，認眞地生活，這樣才能感受到幸福快樂的人生。

智慧小語

改變要由本身做起，心念一轉，命運也會隨之不同。

「凡在小事上態度輕率的人，在大事上也不可信賴。」

——德國科學家愛因斯坦

愛因斯坦是德國著名的科學家，但是很少人知道他對反對納粹的不遺餘力，如果不是他寫信警告美國羅斯福總統，恐怕德國將趕在美國之前製造出第一顆原子彈，世界的命運也會隨之改觀。而他對人類的貢獻也不單只在科學上，更是在人權上。

他所提到的這句話，正是一位科學家應有的研究精神，放在任何行為上，也足以通行。試想，一個天性敷衍的人，做事態度輕率，如果交以重任必定會深受其害。

從小處就可以看出一個人做事的態度，這是無法改變的。當你在分辨一個人是否可以交往或與之合作時，有許多的小事都可以當作參考，我們應該加強自己的判斷力，若是漠視這些小節，被情緒所左右，最後容易吃上大虧。

好比有些女孩在選擇男友時，明明剛開始有注意到，每當和對方說話時，只要有其他女人經過，男生的眼睛總是飄忽起來，但是自己卻刻意忽略，最後才發現這個男人的花心，那就不能單純責怪對方，同時也是自己太不小心了。一個真正認真的人，不管是什麼事情，他都能專心一致，非得把它做好爲止。我就曾看過某位專業攝影師，他連出外的雨衣都要鋪在地上，非常仔細地一個邊、一個邊折好，好似在執行一項重大的任務一般，因此他的生意興隆當然也不是沒有原因。

想要改變自己的命運，更是要從小事開始做起，改掉一些壞毛病，培養出良好的做事態度，那麼，無論到哪裡都可以得到別人的仰賴和敬重了。

智慧小語

不要以爲小地方就沒人注意到，馬虎成事最後損失的還是自己。

「如果你告訴人們目的地，而不說該怎麼到達那裡，你將對結果感到驚訝不已。」

——美國巴頓將軍

其實成功的過程對人才是最重要的，一如人的旅行般，我們都在過程中學習、思索，發現解決問題的方式，因爲這樣所帶來的成長，也讓我們得以順利抵達目的地。

正因人的思考跟做法各有不同，因此過程中也充滿著不同的色彩；好比旅行中有人住進五星級飯店、有人跟團、有人住最廉價的旅館，他們都是前往同樣一個景點，看到的景色也相同，有趣的卻是這過程中的變化。

自助旅行最迷人的地方是你必須拿著地圖，靠著與人建立友誼來前進，不時問路，有時甚至還要搭便車，過程可能要比跟團艱辛許多，但是所遇到、看到的，卻也是獨有的個人體驗，這樣的方式，讓旅途更加多采多姿，從中也會交到更多的朋友，開啓更多的靈感。

智慧小語

個性跟行爲會讓事情產生不同的結果。

「人生就好像回力鏢，怎麼擲出去就怎麼收回來。」

——美國著名教育演說家卡內基

想要有什麼回報，就得付出同等的心力，付出與收穫永遠相等，沒有所謂的不勞而獲，也無須爲一時的挫折而感傷，因爲將來一定會有回收，只是時間的早晚而已。

無論默默耕耘，還是到處敲鑼打鼓，實質上的付出才會有效果。當個啦啦隊長無法拿回獎盃，必須身在球場，實際去運球才行。

多數人自以爲聰明，想像著不勞而獲的事情，在別人遇到阻撓時，急急忙忙潑桶冷水。「早知就不要做了嘛！幹嘛這麼辛苦？」好像不做才是最聰明的，但這個念頭可是大錯特錯了，無論當下是否達到心中的期望，在努力的過程中，其實我們都相對學習到一些經驗，就算是一時失敗，這經驗卻是日後重要的基石。因此，不用在意短暫的失望，只要問自己盡心了沒有，也許成果不是當初所預期的，但是可能會有其它意外的收穫也不一定。

智慧小語

不必爲見不到效果而失望，上帝總會還你一個公道。

「每日在窮困中掙扎，孤獨地處於憂患中，這龐大的憂慮比藝術更令我擔心！」

——義大利雕塑家米開朗基羅

許多偉大的藝術作品，其創作者多半不像我們想像中的風光，正因為越是艱困的環境，越能激發藝術創作者的天分。他們將對現實社會中的失望，寄託於創作之中，也造福了後世，讓我們有美好的作品可以欣賞，洗滌污穢的心靈。

如果能瞭解：美麗的創作大都是在最糟糕的環境下產生，或許對米開朗基羅這位大師所說出來的抱怨，就不會感到如此訝異了。對許多藝術家而言，現實中的不如意，正是他們想藉由創作修補的部分。因之，我們反而有幸見到他們手下那些美麗動人的作品，而不會去探索它背後的真相，這對創作者來說，反倒是一種無形的解脫，有形的昇華。

記得以前曾遇到某位在我國中時期非常出名的作家，他告訴我說：「你所看到的作品，其實是我在獄中寫的。」原來，他當時沒事可做，於是一句又一句重複刪改自己的作品，等到呈現在讀者面前時，就成了不起的佳作。他還舉出身邊幾位劇作家朋友的例子，他說：「一旦成名後，不斷地宴會、聚會，接著這位作家大概就完蛋了，再也寫不出東西來。」這些話令人印象深刻，恐怕不管古今中外，這樣的例子在藝術家或文學家身上都屢見不鮮。

即使不是藝術家，相信許多事業有成的老闆，多半也會很懷念自己奮鬥的那段過程，那時最有衝勁，點子源源不絕，待到達某一個地位後，似乎一切都停頓了，發展也變得遲緩了。不可否認地，最艱困的環境下，反而更能激發人的能力，因爲急於脫困，也會盡全力於眼前的工作上。

智慧小語

擺脫煩惱最佳的途徑，就是埋首往目標衝刺。

「紂王聽信妲己之言，黎庶有難。我想紂王並非我的明主。」

——周朝名臣姜子牙

商朝末年，當時社會黑暗，政治極度腐敗，商朝已經處在風雨飄搖之中，末日即將來臨。一天，紂王宣召姜子牙，要他監造「鹿臺」。根據要求，「鹿臺」高四丈，寬九尺，上造瓊樓玉宇，殿閣重簷，以瑪瑙砌成欄杆，用寶石妝點棟樑。姜子牙看了圖樣後，驚覺紂王的腐敗與昏庸，認爲朝歌（商朝都城）並非久留之地，於是表面上虛應一番，隨後急忙趕回家中。

他的妻子馬氏在家中聽聞消息，趕緊迎上前來恭喜丈夫，但姜子牙卻冷冷地回道：「我如今不做官了。紂王聽信妲己之言，黎庶有難。我想紂王並非我的明主，娘子，妳同我到周國等待時機再出發吧！」接著姜子牙夫婦二人便收拾包袱，逃往周國。而周國最後也成功推翻商紂，建立新的政權。

「跟對人」確實很重要，用在現代人身上，跟對老闆或前輩也是讓自己平步青雲的方法之一。有人提拔跟自己孤軍奮鬥，立足點上就會差一大截，最近職場中一直提倡的「人脈投資」，就是同樣的道理。一個剛認識的陌生人，他可能會從身邊的人去瞭解你，這時有一個強而有力的人爲你背書，當然就占盡了優勢。雖然如此，那些優秀的老闆也不是笨蛋，自己仍必須付出努力讓人肯定才是。

智慧小語

跟對上司讓自己事業加分，跟錯老闆卻讓自己耗費許多精力和時間。

「不伐越國，卻攻齊國，不是本末倒置了嗎？」

——春秋時期吳國大臣伍子胥

春秋時期吳、越交戰，越王勾踐射傷了吳王闔閭，闔閭因而身染重病，當他快過世時，囑咐其子夫差一定要為自己報仇。

闔閭死後，夫差繼位，第一件事就是實現父親的遺願。他天天勤練軍事，經過兩年的奮發圖強，一舉打敗越國。越王勾踐帶著殘餘兵力躲到會稽，並派出使臣前往求和，表示願意以臣子的身分侍奉吳王。吳王想接受，但是大臣伍子胥卻極力反對，認為應該乘勝追擊以絕後患。然而，這個意見最終不被夫差所接納，吳越終於講和。

幾年後，鄰國的齊景公去世，新的君王昏庸無能，夫差於是派兵伐齊。這時伍子胥又進言說：「越王句踐失敗後刻苦奮發，深得民心，將來必定成為吳國的心腹大患，你不伐越國，卻攻齊國，不是本末倒置了嗎？」

從這件事上來看，伍子胥確實具有遠見，可惜夫差始終沒有接納伍子胥的意見，以致後來有所謂的「勾踐復國」，夫差也含恨而死。

做事情應該有輕重之分，依此排定先後次序，才能讓自己的能力做有效的發揮。若是不求重點，只是一味地解決眼前遇到的小問題，可能只會落得白忙一場的結果，像無頭蒼蠅一樣，最後一事無成。

智慧小語

做事抓要點，就可以達到事半功倍的效果。

「唇亡齒寒！」

——春秋時期虞國大臣宮之奇

春秋時期，晉獻公計畫前往攻打虢國，但途中必須經過虞國，於是大臣荀息便對晉獻公獻計道：「虞國的國軍虞公是個見錢眼開、目光短淺的傢伙，王上只要將我國的國寶千里馬跟和氏璧暫時借給他，他一定會讓路給我們通過。」

晉獻公不解，問他爲什麼是「借」而不是「送」呢？荀息笑而不答，只說：「過段時候便知分曉！」

接著果然如荀息所言，虞公收到晉國國寶之後，大喜過望，允許晉國大軍從虞國通過。然而這次的戰役卻因虢國頑強抵抗，晉軍只好暫時收兵。過了一陣子，晉國軍隊恢復了戰力，又再度向虞國提出過境的要求。

這次虞國大臣宮之奇勸虞公說：「我們與虢國是相互依存的國家，如果虢國滅亡了，虞國也會處於風雨飄搖之中，正所謂：『唇亡齒寒』，您不可不愼呀！」這一番話確實有道理，但虞公卻沒有聽進去。

果然，當晉國順利滅了虢國之後，回程途中也順便將虞國給滅了，並輕鬆拿回晉國的國寶，這時晉獻公才瞭解到荀息當初話中的玄機。

生命共同體是由不得分化跟鬥爭的，這就像是同個國家或是同間公司的人，其實都坐在同一艘船上，應該同心協力才能互蒙其利。如果不能瞭解到這一點，一味相互攻擊、互扯後腿，到時「船」沉了，大家也會一起滅頂。

智慧小語

隔壁家著火了，你想不被波及也很難。

「守成才是眞正的困難。」

——唐朝名相魏徵

有次唐太宗問大臣們說：「你們覺得創業難，還是守成難？」

大臣房玄齡回答道：「我認爲是創業難，記得我同陛下打天下時，群雄並起，經過無數次戰役才得以掃平，一統天下。這當中出生入死，不是一般人可以做得到的。」

然而魏徵卻回答說：「自古開創朝代的君主，無不是經過一番困難，但得到天下後，往往疏於治國、流於驕奢，把好不容易得來的江山拱手讓人，所以我倒認爲守成才是眞正的困難。」

唐太宗聽完，點頭說道：「魏卿說得是，雖然我歷經了奮鬥的過程才建立了唐朝，但如今卻深感一個人得到富貴後，便會開始驕奢懶散，忘了當初創業的辛苦。打天下雖然不容易，但是守成反而更困難啊！」

人往往把目標當成人生的終點站，認爲有了成就之後，從此就可以天下太平，享受人生。卻不知成功之後才是人生的另一個起點，如果沒有這層認知，獲得的成功很可能如曇花一現，轉眼消逝。

要在得意時仍保持謹慎的態度跟平常心，的確很不容易。尤其是面對那些前來奉承巴結的眾人，很容易就使人迷失。因此，對於自己好不容易創立的成就，更應該保持戒慎恐懼的心態，時時激勵自己，才能穩坐人生的高峰。

智慧小語

人生是看長遠而非一時，只有持續地努力，才可以維持住好成績。

第九篇

▶▶幽默詼諧的一句話

「老鷹是不會飛出巢穴的。」

——英國首相邱吉爾

邱吉爾的幽默舉世皆知，在一九四三年的德黑蘭會議中，他也適度地展現出自己的幽默與智慧。

德黑蘭會議主要由美、英、俄三國所主持，會議上各國元首無不繃緊神經，每位元首的一舉一動都在彼此的目光之下。正當會議進行到一半時，史達林看到英國外交官遞給邱吉爾一張紙條，邱吉爾看了一眼，神秘兮兮地回了一句：「老鷹是不會飛出巢穴的。」而這句話自然也被史達林聽見了。

乍聽這句話，彷彿是某種重要的軍事暗號，史達林因此十分耿耿於懷，想盡辦法打探這句話的含意，卻始終查不出來。後來赫魯雪夫接任領導人，在某個場合中巧遇當年的這位外交官，終於有機會幫史達林解開這個謎團了，於是趕緊上前詢問。沒想到這位外交官聽了只是哈哈大笑。

原來，當初的紙條只是用來提醒邱吉爾——「首相，您褲子的鈕釦忘記扣上了。」

而當下邱吉爾卻能用幽默的回答，順利化解這尷尬的時刻，成功地替自己打了圓場。

在重要嚴肅的場合中，意外難以預料，這時就是考驗我們反應的最佳時刻了。切莫因爲小小的意外而慌了手腳，只要保持鎮定，維持輕鬆的態度，就能讓自己輕鬆過關，即使被發現了，也不致於造成太大的難堪。

智慧小語

幽默是尷尬時刻最佳的潤滑劑，善於表達幽默的人也是最有智慧的人。

「你小時候一定很聰明。」

——東晉文人孔融

孔融是東晉的文學家，被譽爲「建安七子」之一，他的聰慧跟善良從小時就可以看出。他十歲時跟隨父親到洛陽，前往拜訪當時極爲顯赫的司隸校尉李庸。當時如非聲望顯赫之人，守門人是不爲之通報的，於是孔融就告訴守門衛兵說自己是李庸的親戚。

等見到李庸之後，李庸客氣地問他要不要吃點什麼，孔融也毫不客氣地說：「好啊！」

李庸一聽，臉色立刻沉了下來，開始教訓起孔融，他說：「我得教教你作客的禮儀，當主人問客人要吃些什麼時，客人應該客氣地婉拒才對。」

孔融也不慌不忙地回道：「那我也教你主人的禮儀吧！客人來時主人應該把吃的主動端上，而不是問客人要不要吃吧！」

李庸聽後，又驚訝又感嘆地說：「可惜我老了，大概看不到你將來榮華富貴的樣子。」

孔融聽了又回說：「你離死還早呢，古人說：『人之將死，其言也善』，我看你說話並不友善啊！」

這時有個大夫在一旁聽到，嘆氣說：「可惜，小時了了，大未必佳。」

沒想到孔融又回了一句：「那你小時候一定很聰明了。」

孔融的聰明反應可能連大人都自嘆不如吧！那些達官貴人們恐怕怎麼也想不到，自己的自大會有天被小孩子拆了台。

智慧小語

不管成就再大，驕傲自負的人遲早都會踢到鐵板。

「誰最胖排在最前面。」

——戰後出席國際法庭的中國官員梅汝傲

一九四五年抗日戰爭結束，盟軍國家決定組織國際法庭審判日本，當時梅汝傲是中國派出的法官代表。沒想到審判當天，會議上各國大法官爲了席次的排定而爭執不下。

每個人都希望自己的國家能排在最前面。有些人主張以戰績跟貢獻來排定，有些則認爲用國家筆劃的多少比較簡單，人人各持己見，沒有誰願意退讓。這時梅汝傲覺得再這樣下去，根本無法開會，於是扯開了大嗓門喊道：

「別吵了，乾脆按大家的體重來排定吧！誰最胖排在最前面。」

語畢喧鬧的法庭突然安靜下來，大家都睜大了眼睛看著他，甚至還有人竊笑。這時，主持議會的法官終於開口了，他以幽默的口吻回道：「你這個建議比較適合拳擊比賽吧！」

經過這一番滑稽的對話，原本怒氣沖沖的法官們都笑了出來，氣氛也隨之和緩，最後眾人在平和的態度下做出決議，會議也因此能順利進行下去。

回頭看看我們的立法院，不也是一樣的情況嗎？吵鬧不休的議場，偶爾還眞的打起架來，或許梅汝傲的建議眞的能用在台灣的立法院呢！

智慧小語

即使在嚴肅的場合中，適時的幽默也能及時化解一場災難。

「你以為這酒可以讓我再長出頭髮嗎？」

——德國將軍屋戴特

第二次世界大戰期間，德國柏林空軍俱樂部舉行宴會招待空軍英雄，當時有位年輕的士兵在倒酒時不小心把酒灑在屋戴特將軍的禿頭上。頓時，在場士兵一片譁然，會場陷入寂靜。

然而，沒想到這位將軍卻拍拍那名士兵的肩膀，一派輕鬆地說：「小老弟，你以為這酒可以讓我再長出頭髮嗎？」語畢，全場爆笑出聲，眾人緊繃的心情立刻放鬆下來，宴會又回到原本熱鬧歡樂的氣氛。

這位將軍不僅替這名小兵解圍，也贏得更多將士的敬佩。在我們的生活中，不要忘記隨時保持幽默感，這不僅能舒緩人與人之間的氣氛，還能收到意想不到的效果。

看似無厘頭的話，其實包含了雅量跟善解人意的心。人隨時都有出錯的可能，也許是在出席重大場合時，不小心摔了一跤，或是講錯了話，這時我們都希望能有一個緩頰的機會；旁人一句解圍的話，就能讓尷尬的場面立刻消失。而提供下台階的人，相信也會受到當事人無限的感激。

一個地位極高的人，更要適時表現出幽默感，這會讓人多了一份敬重的心，使人能感受到他的氣度，因此更願意爲他效命，如此豈不是一舉兩得？

智慧小語

具備幽默感的人永遠是最受歡迎的耀眼明星。

「連一美元都不值。」

——著名愛爾蘭劇作家蕭伯納

愛爾蘭著名劇作家蕭伯納創作過大量優秀的劇本，傑出的創作才華令他贏得「二十世紀的莫里哀」之譽。他的作品充滿人道精神與理想主義，嘲諷中帶有詩意之美，並在一九二五年獲得了諾貝爾文學獎。由於他的作品對資本家們極盡嘲諷之能事，因此也引起一些資本家對他的不滿。

有一次，蕭伯納在飯店大廳坐著沉思，剛好被經過的一位金融家看到，他笑笑地走向蕭伯納，對他說：「先生，如果你告訴我你在想什麼，我願意立刻付你一美元。」

蕭伯納聽了以淡淡的口吻回道：「可是，我現在思考的東西連一美元都不值呢！」

金融家聽了，用懷疑的眼光看著他。

接著，蕭伯納又補上一句：「因爲我現在想的是——要把你放在我劇本裡的哪一個角色裡。」

其實，西方文化裡最厲害的一環，就是即使在爭吵時，都能想辦法用略帶趣味的嘲弄來諷刺對方，而非直接叫罵，這不僅可保持一派的紳士風雅，更能正中要害，令對方落荒而逃。

要適切地以言語反擊，並非簡單的事，除了需要風趣的天性外，還要有點想像力才行。否則就容易流於莽夫或潑婦的行徑，這時不管格調再高的人，也會變得像對方一樣低俗沒品了。

智慧小語

最厲害的反擊就是自己毫髮無傷，而對方卻心在淌血。

「總統DNA上面的拉鍊是拉開的。」

——著名刑事鑑定家李昌鈺博士

著名的李昌鈺博士曾爲三一九槍擊案來台做鑑定，這個事件讓一般人對這位刑事鑑識專家有更深刻的印象。其實，李昌鈺博士當年也曾因柯林頓的桃花事件，被邀請到白宮，爲李文斯基拿出的一件沾有精液的洋裝做基因鑑定。當然，鑑定結果正是總統先生的沒錯。

鑑定結果一出來，舉國譁然。記者會上，好奇的記者們卻想知道得更多，其中有個記者問博士說：「您鑑定過總統的DNA，請問總統的DNA跟一般人的有什麼不同？」

李昌鈺博士一派輕鬆地回答：「當然不同，一般人的DNA是閉合螺旋狀，而總統DNA上面的拉鍊是拉開的。」

此話一出，引起哄堂大笑。

這句話確實幽默，在那樣嚴肅關鍵的時刻，對美國總統開了個玩笑，不僅化解了凝重的氣氛，更表現出博士的睿智。

有些事情我們大可不必以不耐煩或是焦慮的態度視之，每個人的領域不同，或許有些時候你會覺得別人的反應太慢了，但急躁或斥責卻可能引起別人的反感，這時還不如多些包容，運用讓眾人開心的方式，以輕鬆的言詞帶過，不也是一種解決問題的方式嗎？

智慧小語

幽默是人生的一劑強心針。

「英國首相對你毫無隱瞞。」

——英國首相邱吉爾

第二次世界大戰過程中，英美的結盟是這次戰爭獲勝的重要關鍵，但是美國剛加入這場戰爭時，英美雙方卻在細節的磋商上耗時許久，始終談不攏。

事實上，原因就出在羅斯福總統老是認爲邱吉爾要求得太多，把談判籌碼提得太高，似乎對美國有所隱瞞。對邱吉爾的不信任，竟導致幾次嚴重的爭論，連雙方的私交也破裂了。

那天，羅斯福和邱吉爾大吵一架後回到家中，等冷靜過後覺得心中有些過意不去，於是想到邱吉爾住所道歉。當他出其不意地走進英國首相的房間時，卻撞見邱吉爾正泡在浴缸裡，嘴上還叼著他最愛的煙斗，當下自然十分尷尬。

不過，反應靈活的邱吉爾卻立刻用幽默的語調，化解難堪的氣氛，他俏皮地對羅斯福總統說：「你看，我這個英國首相對你毫無隱瞞！」

這句話惹得羅斯福哈哈大笑，一語雙關的妙語，頓時解開了羅斯福一直以來的心結，雙方終於打破僵局，簽訂了同盟協議。

邱吉爾幽默機智的反應，不愧身爲一位傑出的政治領袖，假使我們也能學習他那種輕鬆面對事情的態度，隨時不忘保持一顆幽默的心，即使再大的難題都可以因此而扭轉。

在適當的時候，懂得運用機智來應對，在關鍵時刻的一個絕妙反應，有時遠超過平時數倍的努力。然而，能巧妙地打破僵局，利用當時的狀況來替自己找到解圍的方法，也只有具備幽默性格的人能做到。

智慧小語

在對的時候說對的話，不光可以改變一個人的命運，甚至可能影響全世界的未來。

「我們用香腸來決鬥。」

——普魯士王國政治家吉洛夫

有鐵血宰相之稱的俾斯麥，向來以好勇鬥狠著稱，他主張透過戰爭建立強大的德意志帝國，並奉行鐵與血的政策。他與當時的政治家吉洛夫擁有完全不同的性格跟主張，因此俾斯麥對他一直心存不滿。

然而，吉洛夫無論在政治地位或體格上都不如俾斯麥，有一回俾斯麥就故意向他挑釁，提議要單挑。不過吉洛夫也不是省油的燈，他向俾斯麥提出唯一的條件，也就是由接受挑戰者決定決鬥的武器，而俾斯麥也答應了。

當天兩人依約來到廣場，雙方各自就定位後，吉洛夫不慌不忙地拿出兩條香腸，一條交到俾斯麥手中，一條自己拿在手上。吉洛夫對俾斯麥說：「這就是我選定的武器，這兩根香腸中有一根帶著霍亂菌，我們的輸贏就由誰吃到帶有霍亂菌的香腸來決定。」

俾斯麥一聽大驚，只得放棄這場決鬥。

吉洛夫雖然是名弱質文人，卻能善用他的智慧，把驍勇善戰的俾斯麥拉到與自己平等的位置；即便是勇敢過人的俾斯麥，也不可能冒著風險，爲一場莫名的爭鬥而染上足以致命的霍亂。吉洛夫因此輕易地使俾斯麥打了退堂鼓，自己也能全身而退。

當無法以體力爭鬥時，聰明的人會懂得以智取，來爲自己製造最有利的情勢。切莫輕忽智慧的力量，它可以勝過世上任何最強壯的武士，讓強弱的地位迅速轉變。如果我們可以學習這樣的精神，善用自己的頭腦，當面對很多難題時，自然可以輕易地過關。

智慧小語

善用智慧可以打敗最強的敵人。

「比馬糞更臭的是豬糞。」

——美國總統尼克森

在國與國的外交上，潛藏著無數的明爭暗鬥，如何能贏得面子又不失裡子，正考驗外交官的手腕。

一九五九年，美國國會通過有關極權國家的決議案，對於蘇俄及東歐發出嚴厲譴責聲明，此舉引起美國與共產國家之間難解的嫌隙。

就在聲明過後沒多久，當時身爲副總統的尼克森前往蘇聯訪問，當他與蘇俄總理赫魯雪夫會晤時，顯然赫魯雪夫對於美國的決議案耿耿於懷，於是藉機對尼克森批評說：「我眞不明白你們國家是怎麼了？在這麼重要的外交訪問之前通過了那件決議，那項決議案簡直是臭極了，你們國會就像馬槽，而該死的決議案就是馬糞，實在找不出比馬糞更臭的東西了。」

尼克森聽完，用漫不經心的口吻回道：「當然有，比馬糞更臭的是豬糞。」

這句話就是衝著赫魯雪夫而來，因爲他小時候曾替人養豬。赫魯雪夫當然明白他意有所指，不過也只能皮笑肉不笑地佯裝沒事，而尼克森也因此扳回一城。

在很多時候，如果只因爲想反擊對方而失控地大聲咆哮，反而會達不到效果，只會讓人留下不良的印象，這時應該稍微用點巧思，用巧妙的言詞帶過，如此還比較能達到你想要的效果。適當的反擊可以讓別人懂得對你表示尊重，在表達自己的立場時，也要堅定跟明確。

智慧小語

話要說得得體，但遭受攻擊時也應適度地回應，如此才能制止別人得寸進尺的舉動。

「你們都可以回家吃飯了，他們已經決定錄取我了！」

——美國喜劇名匠鮑伯・霍伯

美國最有名的電影喜劇明星鮑伯・霍伯曾獲頒勳章，他的成就讓美國人引以為榮，足以稱為美國精神的代表。但鮑伯・霍伯一開始參加各種演出面試時卻很不順利，原因是他的年紀眞的太小了。當時鮑伯・霍伯心想再下去也不是辦法，為了一圓自己的明星夢，於是決定用不一樣的方式來對付那些難纏的主考官。

在一次面試場合中，坐在長桌另一端西裝筆挺的考官們，臉上又慢慢浮現一副失去耐心的表情，開始不客氣地對他說：「你的資料我們都看過了，不用多說廢話，你自認最擅長的表演是哪一項？」

鮑伯馬上回答說：「我最擅長的表演就是讓人捧腹大笑！」

主考官一聽，滿臉狐疑地說：「你有這種本事？那你現在馬上表演，越快越好、越短越好！」

當下鮑伯・霍伯毫不猶豫，立刻轉身打開辦公室大門，對在外面等候的面試者大喊：「喂，你們都可以回家吃飯了，他們已經決定錄取我了！」

這個出奇制勝的高招果然讓鮑伯・霍伯獲得了第一份演藝工作，也奠定了他日後大放異彩的成功基礎。要想出人頭地，就要想辦法推銷自己，尤其在競爭激烈的社會中，如果不立刻讓人留下深刻印象，機會就會擦身而過。鮑伯・霍伯就是一個最好的例子，當然，除了巧妙的計劃外，還要有相當的自信才行。

智慧小語

除了天賦的才能之外，還要懂得推銷自己，
才能有發揮的機會。

「就拿華山作賭注吧！」

——宋太祖趙匡胤

五代末年，年輕的趙匡胤曾和隱居華山的道士陳摶下圍棋，棋局開始前，陳摶問他要拿什麼作賭注，當時趙匡胤開玩笑地隨口說：「就拿華山作賭注吧！」沒想到趙匡胤輸了那場棋局。

幾年後，趙匡胤成了宋太祖，於是下令華山一地從此不用繳稅。還親自上山請陳摶協助他治理天下，陳摶雖然婉拒，但趙匡胤的心意也足夠令他感動了。

放眼歷史，能像宋太祖那樣誇下海口，事後還記得實踐的人，可謂少之又少。許多人連昨天說了什麼都不記得了，更別提是幾個月或幾年以前說的話。

一個信守承諾的人，才能贏得他人眞正的尊重。一個眞正的君子會對他說的話負責，如果做不到，還寧可不說的好。切莫以爲別人不提就是忘記了，這樣的印象還是會深刻地留在他人腦海裡，作爲審視對方的標準。

你我或許都不知道未來會是什麼樣子，人生的際遇總是超出我們的想像，很多人說：「有夢最美」，因此，當我們做一些看似無法達成的美夢時，也不需要自覺可笑，誰說那些理想不會成眞呢？

能使人欽佩的人，往往是認眞看待志向的人，他們不把理想當夢，而看成「可能會實現」的前景，正因爲一路懷抱著自我期許，夢想也才會不斷靠近。所以，將來聽見有人「說大話」時，不要抱著看笑話的心理，也許有一天來到你面前的不凡人士，正是當年誇下海口的小傢伙。

智慧小語

對自己認眞的人，必定遵守承諾，這樣的人功成名就也是十分自然的事。

「連小偷都念得比我好！」

——清朝名臣曾國藩

曾國藩是清末著名的軍事家和政治家，小時候讀書十分勤奮，卻不算聰慧。有一天他在讀書時，對一篇文章不知重複念了多少遍，還是無法背起來，只能不斷地反覆背誦著。

這時屋外來了一個小偷，躲在屋簷下，心想等這孩子熄燈就寢後，就能進來偷點東西。可是等了許久，屋內就是安靜不下來，還是聽到曾國藩反覆背誦著同一篇文章。這時小偷火大了，跳了出來對曾國藩大罵：「你這種水準，念什麼書？」接著當著曾國藩的面，將整篇文章背誦一遍，最後揚長而去。

曾國藩沒想到這個小偷比他還要聰明，記憶力之好著實令人瞠目結舌。但遺憾的是，這個小偷名不見經傳，永遠只是個賊。

這個故事聽起來似乎很諷刺，但是對照到當前的社會上卻一點也不為過；很多聰明的人，因為把自己的天分用到歪路上，即使他們有再優秀的才能，也不過是個大盜或者地痞無賴。再看看執法機關公布的許多通緝犯，你說他們不夠聰明嗎？其中有些人的智慧甚至是一般人望塵莫及的，但卻沒有將它用在正途上，最後成爲危害社會的亂源。然而，新聞上也不時報導著許多入侵私人網站的駭客份子，他們被繩之以法後，接受警方招募，成爲破解網路犯罪的工程師，從此改變自己的形象，因此，只要找對方向，罪犯其實也能對社會做出貢獻。所以，人的智慧必定要運用在正確的用途上，才能爲社會謀求更大的福利。

智慧小語

走上偏路的天才是一種社會人力的浪費，選擇正確的人生道路，不但利己也能助人！

九九方略系列

❶

《雄霸天下的大謀略家—曹操》

正所謂時勢造英雄，曹操一生橫槊賦詩，年輕時即展現雄才大略，後人說他是「治世之能臣，亂世之奸雄」，在三國時代集政治家、軍事家、文傳家、權謀家於一身，成功地推向權力的高峰，說他是「非常之人，超世之傑」不爲過也。

史林／編著　定價／300元　特價／149元

---

❷

《叱吒商界的大謀略家—胡雪巖》

胡雪巖以錢莊的學徒出身，在短短二十年中事業崛起，進而協助左宗棠「西征」事業，以商人身份獲得慈禧太后的召見，歷數大清兩百多年的歷史，能富比陶朱成爲紅頂商人，僅胡雪巖一人而已。

史源／編著　定價／350元　特價／199元

---

❸

《足智多謀的大謀略家—紀曉嵐》

紀曉嵐從傳奇出生到倜儻風流的少年，進入官場的宦海浮臣，可謂精采；曉嵐才華洋溢集詩人、小說家、評論家、編纂家爲一身，其曠達的人生觀，寄學識於情趣之中，能慧黠地處世，呈現智慧人生的九九方略。

彭文遠／編著　定價／320元　特價／199元

---

❹

《縱橫政商的大謀略家—呂不韋》

戰國末年，大商人『呂不韋』，不僅買賣貨物，還作成古今中外最大的生意……買賣王位!並且縱橫政商執掌大權十二年之久，締造出一番豐功偉業，爲日後秦始皇統一天下奠定了基礎，顯露出高超的處世經驗和權謀智慧，值得我們一讀再讀，學習而應用之。

史源／編著　定價／350元　特價／199元

九九方略系列

5

《霸業崛起的大謀略家—劉邦》

劉邦，他出身卑賤細微，在秦末亂世中，首先翦滅暴秦，並在短短五年裡，將霸王項羽圍困在垓下，迫他自刎烏江、創立了空前強大的漢帝國。也就是這樣一個人，軍事才能平庸，卻懂得將驅使韓信、蕭何、張良的謀略智慧讓他無後顧之憂，直登上帝王寶座。

李偉／編著　定價／320元　特價／199元

6

《女人天下的大謀略家—武則天》

中國第一個也是唯一的女皇帝—武則天，在男人爲主的政治戰場裡，以一個弱小女子的堅毅意志，實現自己遠大的懷抱，承襲貞觀之治，開啓開元治世，奠定了唐朝在歷代的盛名。武則天以女人之姿，在中國父權爲大的歷史洪流中寫下嶄新的一頁。

黃晨淳／編著　定價／300元　特價／169元

7

《智謀過人的大謀略家—諸葛亮》

「士爲知己者死」是諸葛亮一生的最佳寫照，本來在隆中的諸葛亮秉持著「苟全性命於亂世，不求聞達於諸侯」，淡泊明志、寧靜致遠的生活態度，卻在劉備三顧茅廬後，出山佐政，爲歷史開拓新局。他是集政治、軍事、謀略於一的大家，擁有過人的膽識、學識和智慧，他的生平在三國演義中是一則傳奇。

羅志仲／著　定價／350元　特價／199元

8

《智道—智戰先秦》

春秋戰國時期，禮樂崩壞，政治紊亂，群雄棋峙，如何能逐鹿中原、獨霸天下，不僅要有恢弘的野心，更要有出奇制勝的巧策神謀。諸子百家此時相爭競起，轉鬥千里，不僅激發出繁眾而紛華的治術學派，揭開上古世界的文明篇章，其間的精闢辯說與智慧，更是中國數千年以來，思想文化和民族性格的濫觴。

冷成金／著　定價／280元

九九方略系列

❾ 

《智道—運籌決勝漢魏晉》

中國漢代，收拾了先秦時期的諸侯混戰，穩定地籌運儒術基礎，形塑了中國千年來知識分子的智慧邏輯。在政治上，長期經歷外戚與宦官亂政的漢室，則導出了華麗競智的三國時代，成爲傳誦千年的精采史話。而兩漢時期武勇雄制匈奴的功業，雖然隨著五胡亂華的開啓而逐漸暗淡，卻也爲漢末以來的分裂情勢，醞釀了分久必合的序曲。

冷成金／著　定價／280元

---

❿ 

《智道—隋唐宋元的權變》

經過了幽遠而黑暗的分裂，人心思定；融匯了胡、華文化的中原，大放異彩。在隋文帝楊堅手中重回統一的局面後，唐朝繼而開創了盛世風華，以嶄新的姿態，昂立於中國歷史之中。而唐、宋的文人政治，雖然滋養著光燦奪目的文藝盛景，堅實了仁儒德道的機智謀變，更凝塑了揚文抑武的中央集權，卻也因而在長期的積弱不振中，種下了蒙元入主中原的後患。

冷成金／著　定價／280元

⓫ 

《智道—明清宦術》

擺脫了前朝的腐化，明清時期的中國，從政農工商到科技藝術，已蘊化出前所未有的晶燦炫熠。官僚體系嚴密而精緻，官場文化繁複而懸疑，明朝長期特務統治的腥風血雨，在閹宦爲亂與誅虐忠良下結束，吳三桂大門一開，爲中原迎進百年的滿清盛世。然而，文字獄與八股桎梏下的承平治世，政爭的酷烈依舊鼎沸不絕。要懂得爲政、爲君臣，聖智兼備，都是一門大智慧。

冷成金／著　定價／280元

名言集

《孔子名言的智慧》

精選150句論語中的名言智語，以符合現代社會的宏觀角度，深入淺出詳細解說，汲取孔子的人生智慧與積極的處世態度，讓你可以圓融處世、積極進取精進生活、增強智識。

黃雅芬◎編著 定價/220元

《韓非子名言的智慧》

精選150句韓非子名言，透過現代人的人生觀，以符合現代社會需要的宏觀角度，深入淺出詳細解說並與西方哲學家的名言相對照，完全呈現法家思想的積極意義，爲動亂的時代注入安定的力量，爲平和的生命帶來豐活的生機。

陳治維◎編著 定價/250元 特價/199元

《老子名言的智慧》

選老子名言150句，不僅適用於職場、家庭、社會、個人，可以說是一本廣爲世用的智囊寶典。也同時給予賞析說明，讀者可以從中取用他的某些原理，進而更樂意從古書中汲取生活智慧，注入帶有時代色彩的新思維，形成新的觀念、準則。

黃晨淳◎編著 定價/250元 特價/149元

《孟子名言的智慧》

精選其中名言150句，適用於教育、自我成長、社會和政治，可謂爲現代爲人處世的智囊寶典。此外，對於精選名言更是給予賞析說明，可帶來具有時代色彩的新鮮思維，形成新的觀念，使讀者溫古知新，進而修身養性、智慧處世。

江佩珍、陳籽伶◎編著 定價/260元 特價/169元

名言集

5

《莊子名言的智慧》

中國人向來說「得意時是儒家，失意時是道家」，亦即勸人處順境時，要以儒家義理來開拓胸襟、提升境界；處逆境時，則當以道家智慧來療傷止痛、休養生息，因此，我們希望藉由本書，讓先哲的智慧洞見能穿越時空，走入我們的心靈，跟我們現身說法。

黃晨淳◎編著 定價/260元 特價/169元

6

《荀子名言的智慧》

荀子的性惡說一直以來不太被人接受，傳承儒家的荀子當眞對人性持此悲觀的信念？本書將讓你一解荀子學說中人性與教育，人性與道德中的衝突與調合，讓你對人性有更正面的觀感。

賴純美、陳籽伶◎編著 定價/260元 特價/169元

7

《500句我愛你》

八種愛情反應——愛的憂傷、美麗的相思、蔓延的相思、愛的喜悅、痴狂的愛、愛的迷惘、無言的苦澀、愛的定義。

此書盡收500則古今中外的愛情名句，讓你看見愛情的百變風貌……。

漂流物◎著　定價/300元 特價/199元

8

《英雄寶鏡》

西班牙智者葛拉西安流傳四百年的智慧之書，旁徵博引100個成功者的修身處世智慧，教你培養偉大的氣度，造就完美的人生價值。本書整合了《英雄》、《明愼之道》、《批評大師》、《政治家》四本書的精華，除延續巴塔沙．葛拉西安名著《智慧書》的思想，用詞見解更精練，文體更豐富，意象更爲鮮明。

巴塔沙．葛拉西安◎著 定價/260元 特價/169元

名言集

9 《世紀經典情書大賞》

本書收集了60封著名人士的情書，這些情書比任何傳記和回憶錄更有力的展現了西方文學家、藝術家、政治家、軍事家……等人的情感世界，讓我們得以窺見他們充滿激情的情感表達，以及文字背後的人物關係及情感糾葛，就好像我們正落入時光隧道一同伴隨著他們愛恨嗔痴。

王艷◎著　定價/250元 特價/149元

10 《棒球驚嘆句》

球賽激情過後，你還記得多少事？在汗水淚水的感動背後，有多少言語被永遠地記憶了下來？這可能是你最難忘懷的一本棒球書。幾乎沒有棒球術語，也沒有艱深的球迷知識，你翻開書，看到的只是39個棒球人最動人的傳奇、150句你會深深牢記的經典語錄，不專屬於棒球，它們是人生的深刻感受。

曾文誠、曾湋文◎著 定價/200元

11 《天天天禪》

本書收錄與禪相關的經典語句和小故事，以淺顯易懂的語調評析，並配以精美插圖。「一字禪」以30個最精微卻具號召力的字爲出發點，探索生活中隨處可見的禪思；「每日禪語」從百種禪宗公案典籍中，節錄50句精采的短語佳話；「大家來說禪」收錄49則寓有禪思的幽默小品，在詼諧中道出另類生活智慧。

謝怡慧◎編著 定價/250元

12 《俗語名言的智慧》

俗語是先民生活經驗的累積，從豐富的比喻與詼諧的文字中，我們能感受祖先們樸實的智慧。本書精選兩百則俗語，歸納整理，追本溯源，獨特的賞析觀點，賦予俗語新時代的思考方向。

張詠華、陳福智◎編著 定價/300元 特價/199元

國家圖書館出版品預行編目資料

歷史名言的智慧／徐竹著.—— 初版. ——臺中市　:好讀, 2006[民95]
面：　公分，——（名言集；13）

ISBN-13 978-986-178-026-9（平裝）
ISBN-10 986-178-026-2（平裝）
1.格言

192.8　　95017622

好讀出版

名言集13

歷史名言的智慧

作　　者／徐竹
總 編 輯／鄧茵茵
文字編輯／陳詩恬
美術編輯／賴怡君

台中市407西屯區何厝里19鄰大有街13號
TEL:04-23157795　FAX:04-23144188
http://howdo.morningstar.com.tw
（如對本書編輯或內容有意見，請來電或上網告訴我們）
法律顧問／甘龍強律師
印製／知文企業（股）公司 TEL:04-23581803

總經銷／知己圖書股份有限公司
http://www.morningstar.com.tw
e-mail:service@morningstar.com.tw
郵政劃撥：15060393 知己圖書股份有限公司
台北公司：台北市106羅斯福路二段95號4樓之3
TEL:02-23672044　FAX:02-23635741
台中公司：台中市407工業區30路1號
TEL:04-23595820　FAX:04-23597123
（如有破損或裝訂錯誤，請寄回知己圖書台中公司更換）

初版／西元2006年11月15日
定價：350元　特價：199元

如有破損或裝訂錯誤，請寄回知己圖書更換
Published by How Do Publishing Co., Ltd.
2006 Printed in Taiwan

ISBN-13 978-986-178-026-9（平裝）NT.199
ISBN-10 986-178-026-2（平裝）NT.199

讀者回函

只要寄回本回函，就能不定時收到晨星出版集團最新電子報及相關優惠活動訊息

因此有電子信箱的讀者，千萬別吝於寫上你的信箱地址

書名：歷史名言的智慧

姓名：______________ 性別：□男 □女　生日：____年____月____日

教育程度：________________________

職業：□學生 □教師 □一般職員 □企業主管

□家庭主婦 □自由業 □醫護 □軍警 □其他______________________

電子郵件信箱（e-mail）：_______________________ 電話：_______________

聯絡地址：□□□____

你怎麼發現這本書的？

□書店 □網路書店（哪一個？）________________ □朋友推薦 □學校選書

□報章雜誌報導 □其他____

買這本書的原因是：____

□內容題材深得我心 □價格便宜 □封面與內頁設計很優 □其他___________

你對這本書還有其他意見嗎？請通通告訴我們：

____

____

你買過幾本好讀的書？（不包括現在這一本）

□沒買過 □1～5本 □6～10本 □11～20本 □太多了，請叫我好讀忠實讀者

你希望能如何得到更多好讀的出版訊息？

□常寄電子報 □網站常常更新 □常在報章雜誌上看到好讀新書消息

□我有更棒的想法____

你希望好讀未來能出版什麼樣的書？請盡可能詳述：

____

____

我們確實接收到你對好讀的心意了，再次感謝你抽空填寫這份回函

請有空時上網或來信與我們交換意見，好讀出版有限公司編輯部同仁感謝你！

好讀的部落格：http://howdo.morningstar.com.tw/

請填妥後對折黏貼，直接投郵即可，無須貼郵票。

廣告回函
臺灣中區郵政管理局
登記證第3877號
免貼郵票

好讀出版有限公司　編輯部收

407台中市西屯區何厝里大有街13號

電話：04-23157795-6　傳眞：04-23144188

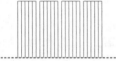

沿虛線對折

購買好讀出版書籍的方法：

一、先請你上晨星網路書店 http://www.morningstar.com.tw 檢索書目或直接在網上購買

二、以郵政劃撥購書：帳號15060393 戶名：知己圖書股份有限公司並在通信欄中註明你想買的書名與數量

三、大量訂購者可直接以客服專線洽詢，有專人爲您服務：

客服專線：04-23595819轉230 傳眞：04-23597123

四、客服信箱：service@morningstar.com.tw